Jens Bartschat

Kurztutorial zur Windowsprogrammierung unter C++

**Bibliografische Information der Deutschen Nationalbibliothek:**

Bibliografische Information der Deutschen Nationalbibliothek: Die Deutsche Bibliothek verzeichnet diese Publikation in der Deutschen Nationalbibliografie; detaillierte bibliografische Daten sind im Internet über http://dnb.d-nb.de/ abrufbar.

Copyright © 1995 Diplomica Verlag GmbH
Druck und Bindung: Books on Demand GmbH, Norderstedt Germany
ISBN: 9783838640181

http://www.diplom.de/e-book/219653/kurztutorial-zur-windowsprogrammierung-unter-c

Jens Bartschat

# Kurztutorial zur Windowsprogrammierung unter C++

Diplom.de

Jens Bartschat

# Kurztutorial zur Windowsprogrammierung unter C++

**Diplomarbeit**
**an der Universität der Bundeswehr München**
**Institut für Personalwesen und Arbeitswissenschaft**
**Mai 1995 Abgabe**

*Diplom*.de

Diplomica GmbH
Hermannstal 119k
22119 Hamburg

Fon: 040 / 655 99 20
Fax: 040 / 655 99 222

agentur@diplom.de
www.diplom.de

ID 4018

ID 4018
Bartschat, Jens: Kurztutorial zur Windowsprogrammierung unter C++
Hamburg: Diplomica GmbH, 2001
Zugl.: München-Neubiberg, Universität der Bundeswehr, Diplomarbeit, 1995

Diplomica GmbH
http://www.diplom.de, Hamburg 2001
Printed in Germany

# Schnellübersicht

# Inhaltsverzeichnis       E/0-17/96

# 1 Grundlagen von Windows und der Visual C++ 1.5-Programmierung

## 1.1 Einführung

Mit diesem Kurztutorial liegt eine schnelle Anleitung für all jene vor, welche Windows-Applikationen ab Version 3.1 mit dem Microsoft Visual C++-Compiler Version 1.5 (kurz: MSVC) programmieren möchten. Prinzipiell ist das hier Gesagte auch auf andere C++-Compiler zutreffend, doch lehne ich mich in Bedienung und Namenskonventionen ganz an die Vorgaben des MSVC an.

Zur besseren Kennzeichnung unterschiedlicher Textinhalte werden verschiedene Schriftarten und -attribute verwendet. `Programmtexte und Listings sehen so aus`, *Menübefehle oder Dialogelementtexte so.* Wichtige Begriffe sind unterstrichen, sonstige **Hervorhebungen** sind fett gedruckt.

### 1.1.1 Zielgruppe

Diese Arbeit wendet sich an den fortgeschrittenen Programmierer[1] mit grundlegenden Kenntnissen in C++ und generellem Verständnis von Programmerstellung und dem Windows-Betriebssystem. Dahingehende Ausführungen werden deswegen nur kurz und nur in dem Umfang dargestellt, der zum Verständnis des Kontextes notwendig ist. Dieses Tutorial setzt ansonsten nicht voraus, daß Sie schon einmal für ein grafisch orientiertes Betriebssystem programmiert haben.

### 1.1.2 Wie sollten Sie vorgehen?

Sie sollten dieses Tutorial **unbedingt von vorne bis hinten durchlesen** und nicht hin- und herspringen, wenn Sie noch nicht schon Erfahrung in der Windowsprogrammierung mit C++ haben. Ich habe mich bemüht, jeden technischen Begriff bei seiner Einführung zu erläutern, setze ihn ab dann aber als bekannt voraus. Sämtliche im Tutorial besprochene Beispielprogramme befinden sich auf der beigelegte Diskette und auch als Listing im Anhang. Zum besseren Verständnis des Gesamtzusammenhangs sollten Sie mit den Quelltexten querchecken: **ein Listing sagt mehr als tausend Worte!** Großen Wert lege ich auf die intensive Nutzung der wirklich gelungenen **Online-Help**; selbst Ihnen vorher gänzlich unbekannte Fakten und Programmierweisen können Sie sich mit ihr erarbeiten. Zuerst gebe ich bei Online-Help-Verweisen noch die genaue Fundstelle an, später sollten Sie sich das notwendige Vorgehen soweit vergegenwärtigt haben, daß Ihnen das Auffinden der gewünschten Information keine großen Probleme mehr bereiten sollte.

## 1.2 Das Windows-Betriebssystem

Microsoft Windows ist ein mit eingeschränkten Multitasking-Fähigkeiten (genauer: scheduled cooperative non-preemptive, siehe „1.7.2.3 Das Nachrichtenkonzept", Seite 15) ausgestattetes grafik- und mausorientiertes Betriebssystem (GUI[2]). Dem Programmierer stellt es eine große Vielzahl von Funktionen zur Verfügung, die alle Bereiche der Oberflächen-,

---

[1] Am besten mit gutem Programmierwissen in C; auch Pascal oder andere strukturierte prozedural orientierte Sprachen sind hilfreich.

[2] Graphical User Interface, Grafische Benutzerschnittstelle

Programmanagement- und Dateibehandlungsprogrammierung beinhalten. Windows selbst wurde in C programmiert und realisiert in weiten Bereichen die heute gängige Forderung nach komfortabler Bedienung mit Hilfe seiner grafischen Oberfläche und interner objektorientierter Datenrepräsentation.

## 1.3 Die Sprache C++

C++ ist die objektorientierte Weiterentwicklung von C. Es besitzt alle Standardkonstrukte von C und als Neuerung eine Verwirklichung des Klassenkonzeptes. Eine Klasse ist lediglich eine Zusammenfassung von zusammengehörenden Daten und Funktionen (Methoden). Diese Klassen stellen die Objekte dar, die C++ das Attribut „objektorientiert" geben. Der Vorteil gegenüber der prozeduralen Programmierung ist die größere Flexibilität und bessere Übersicht, was auf den ersten Blick nicht einleuchtet. Doch gibt es in C++ Ordnungsstrukturen und -operationen, welche eine sinnvolle Kapselung zusammengehöriger Daten und Methoden vornehmen und recht simpel und übersichtlich Änderungen erlauben. Ordnungsstrukturen sind z.B. die Einteilung in öffentliche, virtuelle, geschützte und private Daten und Methoden. Ordnungsoperationen etwa sind Einfach- und Mehrfachvererbung sowie Überladen von Methoden und Operatoren.

## 1.4 Klassenbibliotheken

Es gibt viele C++-Compiler auf dem Markt; die bekanntesten und besten kommen von Microsoft (Visual C++ 1.5), Borland (Borland C++ 4.0) und Watcom (Watcom C++ [16&32] 9.5). Doch nur die beiden erstgenannten laufen auch unter Windows und liefern eine eigene Klassenbibliothek mit, welche die Voraussetzung für eine schnelle und einfache Programmentwicklung ist. Eine solche Klassenbibliothek ist eine Kapselung der durch Windows bereitgestellten Funktionen mit Hilfe des C++-typischen Klassenkonzeptes. Der sehr große Vorteil dieser Vorgehensweise liegt darin, daß man sich als Programmierer nicht mehr durch den kaum durchdringbaren Funktions-Dschungel von purem Windows kämpfen muß und seine Produktivität und Zeit stattdessen besser mit der eigentlichen Problemlösung verbringt. Außerdem erleichtert sich das Programmanagement und damit die Einbindung in Windows sehr. Nachteil ist die Herstellerabhängigkeit; Borlands OWL[3] und Microsofts MFC [4] sind nicht zueinander kompatibel. Will oder muß man von einem zum anderen Compiler konvertieren, fällt zusätzliche Einarbeitungszeit an. Doch werden diese und andere Nachteile schon allein durch die genannten Vorteile einer Klassenbibliothek weit aufgewogen.

## 1.5 Integrierte Entwicklungsumgebung (IDE[5])

Moderne C++-Compiler wie Borland C++ 4.0 und Visual C++ 1.5 bieten dem Programmierer eine IDE an, von dem aus alle zur Programmerstellung notwendigen Werkzeuge erreichbar sind. Insbesondere sind dies der Editor, der Compiler, Linker und Debugger. Ein Resource-Editor zur komfortablen Erstellung von Windows-Resourcen[6] hat sich hier auch schon als Standard durchgesetzt.

---

[3] Objekt Windows Library (Klassenbibliothek)
[4] Microsoft Foundation Classes (Klassenbibliothek)
[5] Integrated Developing Environment, Integrierte Entwicklungsumgebung. Im Falle des Visual C++ 1.5-Compilers heißt diese Umgebung „Visual Workbench".
[6] Windows-Resourcen sind die sichtbaren Bedienelemente einer Applikation. Näheres siehe unter „2.4 Resourcen-Programmierung", Seite 30.

# 1.6 Microsofts Visual C++ 1.5-Compiler

Laut Fachpresse[7] ist „allein Visual C++ 1.5 ein wirklich vollständiger SDK[8]-Ersatz..." zur 16-Bit-Programmierung unter Windows. In den Bewertungspunkten Dokumentation, Optimierung und IDE setzt er sich deutlich von seinen direkten Konkurrenten ab, nur in Punkto Umsetzung der ANSI-C++-Spezifizierung[9] landet er im Mittelfeld.

## 1.6.1 Arbeiten mit der Visual Workbench

Startet man MSVC, befindet man sich sofort in dessen integrierter Entwicklungsumgebung. Diese Visual Workbench ist hauptsächlich über ihre Menüs und die Funktionsleiste bedienbar. Sie ist voll MDI[10]-tauglich und erlaubt daher die Darstellung und Editierung unterschiedlicher Dokumente zu gleicher Zeit. Da die überwiegende Mehrzahl von Windows-Applikationen dies erlaubt, ermöglicht die dadurch gewohnte Menüanordnung und -bezeichnung eine verhältnismäßig schnelle Einarbeitung. Dies wird durch das ausgezeichnete Online-Help-System noch deutlich unterstützt. Hilfe zu den verschiedensten Themenbereichen ist über das *Help*-Menü oder die *F1*-Taste erreichbar. So ist die Bedienung des Editors, Tastaturkürzel, erschöpfende Menüerklärungen genau so einfach erreichbar wie Informationen über Windows-Funktionen und -Meldungen sowie komplette Referenzen. Die Hilfstexte stellen die elektronische Form der Handbücher dar und sind genauso umfassend. Ich verzichte daher auf eine tiefere Beschreibung aller Bedienungsmöglichkeiten und stelle dafür die wichtigen Grundlagen des Entwicklungszyklus eingehender dar, so wie er sich dem Programmierer darstellt.

## 1.6.2 Das Projektkonzept

Ein Programm stellt im allgemeinen keinen einzelnen monolithischen Block dar, sondern ist modular aus vielen kleinen Einzelprogrammen aufgebaut, die am Ende der Entwicklung zusammen compiliert und gelinkt werden. Dieser Idee trägt das Projektkonzept Rechnung, indem es dem Programmierer Werkzeuge zum Zusammenstellen, Verwalten und Ändern dieser Vielzahl von Modulen an die Hand gibt. Diese Ansammlung von verschiedenartigsten Quellen (z.B. C/C++-Quelltexte, Definitionsdateien, Resource-Quelltexte) heißt Projekt. Ein eigener Menüpunkt *Project* ermöglicht das Erstellen (*New*), das Eröffnen oder Schließen (*Open, Close*), Editieren (*Edit*) sowie das Hinzufügen oder Löschen von Projektlisteneinträgen (*Edit/Add, Edit/Delete*). Merke: es wird nur die Projektliste verändert, nicht die Projektfiles selber.

C++-Programme binden häufig viele Headerdateien per #include-Befehl ein. Diese gehören zum Projekt genauso wie die sie einbindenden Quelltexte. Damit man nun nicht all diese Headerdateien per *Add* einbinden muß, scannt die Projektverwaltung selbständig alle Projektfiles nach diesen Abhängigkeiten durch. Selbst kann man diesen Scan mit *Scan Dependencies* (für die aktuelle Quelle) bzw. *Scan all Dependencies* (für das gesamte Projekt) erzwingen, z.B. wenn man neue #include-Statements eingefügt hat.

---

[7]c't 1994, Heft 7, S.158 ff.

[8]Software Development Kit, ursprünglich einziges Programmerstellungswerkzeug für Windows ohne Klassenbibliothek.

[9]American National Standards Institute. Die Sprache C++ soll in Umfang und Funktion genormt werden (vom Komitee X3J16), damit Codeportierbarkeit von Quelltexten verschiedener Compilerhersteller gewährleistet wird. Derzeit (Stand Ende 1994) ist noch keine abschließende Norm verabschiedet.

[10]Multiple Document Interface, Programmkonzept zur Bearbeitung multipler (mehrerer und verschiedenartiger) Dokumente.

Muß man z.B. von Quelltexteditierung zum Debugging umschalten, ist eine Speicherung der aktuellen Fenster- und Edit-Situation innerhalb der Visual Workbench hilfreich. Dies wird durch das Workspace-Konzept erreicht. Mit den Menü-Punkten *Load* und *Save Workspace* des *Project*-Menüs lädt und speichert man bis zu drei Arbeitsbereich-Konfigurationen.

## 1.6.3 Quelltexteditierung, Compilierung und Projektoptionen

Unter den Menüpunkten *File*, *Edit* und *View* findet man alle üblichen Datei- und Druckoperationen, Cursor- und Editfunktionen, Blockoperationen, sowie Suchen und Ersetzen.

Im *Project*-Menü finden sich kombinierte Compile- und Linkfunktionen. Mit *Build* und *Rebuild All* übersetzt und linkt man alle Quelltexte, mit *Execute* führt man das so erzeugte Programm aus.

Die für das Projekt wichtigen Optionen für Compiler, Linker und Resourcen findet man im *Options/Project*-Menü. Die große Vielfalt an Optionen und die Möglichkeit, zwischen *Debug*-(Entwicklungs-) und *Release*- (Auslieferungs-) Version des Projektes zu unterscheiden, wird ausführlich mit der Online-Hilfe erklärt. Darüber hinaus findet man noch Einstellungsmöglichkeiten für das Debugging (*Options/Debug*), die Suchpfade für benötigte Dateien (*Options/Directories*) und die Visual Workbench (*Options/Editor*, *Workspace*, *Tools*, *Color*, *Font*).

## 1.6.4 Resourcen, Debugging, AppWizard und ClassWizard

Jeder Windows-Programmierer stößt eher früher als später auf den Begriff Resource. Einen Gutteil seiner Zeit wird er mit dem Erstellen dieser Resourcen verwenden, bilden sie doch das sichtbare Aushängeschild eines Programms auf dem Windows-Desktop. MSVC ist wie seine ernsthaften Compiler-Konkurrenten mit einem Resource-Editor ausgestattet; Microsoft nennt ihn AppStudio. Auf seine Bedienung werde ich im Detail noch unter „2.5 Dialogboxprogrammierung", ab Seite 57, eingehen. Mit AppStudio wartet und erstellt man üblicherweise alle Resourcen, die man in seiner Applikation verwenden möchte. Es erstellt ein per `#include` einzubindendes ASCII-File (Extension `.RC`). Außerdem kann man auch DLLs[11] und `.EXE`-Files in AppStudio einladen und so die Resourcen fremder Programme „stehlen".

Üblicherweise ist mit dem Eintippen des Programmtextes die Applikationserstellung noch längst nicht beendet, denn jetzt beginnt die teilweise sehr zähe und langwierige Fehlersuche. Unter dem Menüpunkt *Debug* findet man das adäquate Werkzeug. Konsultieren Sie die eingebaute Hilfsfunktion für Details. Wichtig ist noch, das Projekt für die Debug-Sessions vorzubereiten. Dies macht man unter *Options/Project...* und dann unter *Compiler/Debug Options/Full* sowie *Linker/Output/Generate Debug Information*.

Mit dem MSVC werden auch AppWizard und ClassWizard ausgeliefert (siehe „2.3.3 Programmieren mit Hilfe von AppWizard und ClassWizard", Seite 26). Ersteren wendet man nur einmal (am Anfang einer Applikationserstellung) an, zweiteren immer wieder im Laufe der Programmentwicklung. AppWizard versteht sich als Programmskelett-Ersteller; die wichtigsten Hauptmerkmale, die das Projekt haben soll, können hier eingestellt werden. Innerhalb dieses Skelettes programmiert man dann die Funktionalität in Form benötigter Methoden aus. Dabei hilft Ihnen unter anderem ClassWizard. Es steht in der Visual

---

[11]DLL: Dynamic Link Library, dynamisch hinzuladbare Funktionsbibliothek. In DLLs bringt man immer wieder benötigte Funktionen/Methoden unter, die statisch im Speicher liegen und von mehreren Programmen genutzt werden können. Sie werden erst wieder aus dem Speicher entfernt, wenn sie von keiner Applikation mehr gebraucht werden. DLLs kann man auch ohne Probleme mit dem MSVC erstellen.

Workbench und dem AppStudio zur Verfügung (und ist selbst als DLL implementiert). Mit ClassWizard erleichtert man sich die Erstellung und Wartung von Klassen. Näheres entnehmen Sie wiederum den umfangreichen Hilfstexten innerhalb der Visual Workbench.

# 1.7  Namenskonventionen und Begriffserklärungen

Um erfolgreich und schnell die C++-Programmierung allgemein (und nicht nur auf MSVC bezogen) erlernen zu können, ist ein kurzer Abriß über Namenskonventionen von Daten und Methoden in C++ hilfreich. Darüber hinaus stelle ich noch einige wichtige und grundlegende Begriffe vor, deren genaues Verständnis notwendig ist und die häufig verwechselt werden.

Neben den programmiertechnischen Begriffen haben sich in der Literatur einige Bezeichnungen durchgesetzt, von denen ich einige erläutern möchte. Darunter fallen originär englische Begriffe wie Resource und Accelerator. Es hat sich durchgesetzt, Resource wie ein deutsches Wort zu behandeln: eine Resource, viele Resourcen (nicht: Resources, wie es englisch korrekt wäre), und auch nicht: Ressource (wie das äquivalente deutsche Wort). Ein Accelerator wird (künstlicherweise) oft mit Beschleunigertaste übersetzt; häufig verwendet man auch HotKey (auch: Hotkey) oder Shortcut (die allgemeine Form von „Abkürzung"). Ein weiteres Phänomen sind die kByte, eigentlich ja „Kilo-Bytes", also „tausend Bytes". Da mit 1kByte offensichtlich aber $2^{10}$ = 1024 Bytes gemeint sind, sagt man nicht „Kilo-Bytes", sondern „Ka-Bytes". Bemerkenswert sind hier auch die Bytes als deutscher Plural, und trotzdem mit „s" am Ende (und nicht: Byten).

Diese und viele weitere Inkonsistenzen der Sprache der Computer- und Programmierbranche vermitteln dem Laien einen eher gespaltenen und „geheimwissenschaftlichen" Hauch. Mit etwas Wissen und Unkonventionalität lassen sich aber viele Begriffe einfach erklären.

## 1.7.1  Namenskonventionen

**Tabelle 1: Bedeutung der Präfixe von Variablen**

| Präfix | Bedeutung |
|--------|-----------|
| b | Boolean |
| c | Char |
| dw | Double Word, unsigned long |
| h | Handle |
| sz | String zero (/0-terminiert) |
| lp | Long pointer (FAR) |
| p | Pointer (NEAR) |
| l | Signed long |
| w | Unsigned word |
| pt | Point (2dim. Datenstruktur) |
| f | 16-Bit-flag |
| n | Signed number (word) |
| cb | Count of bytes, wie n |
| fn | (Callback-) Function |

Auf den ersten Blick erschrecken Variablenamen wie m_szLinkKey oder CServerDoc. Ihr Aufbau folgt jedoch einfachen Konventionen. Sie besitzen einen Präfix der ihren Datentyp festlegt (siehe Tabelle). Danach folgen die eigentliche Variablennamen, unterteilt nach den drei Sparten Funktionsnamen, Klassennamen und Member-Variablen (siehe „1.7.2.1 Die Klasse", Seite 12).

Funktionsnamen bestehen aus mehreren Worten, die je mit Großbuchstaben beginnen und als erstes Wort meist ein Verb haben (Beispiel: OnInitDialog).

Klassennamen beginnen mit einem großen „C". Für ihre Instanzen gilt diese Regel nicht (Beispiel: Klasse CFrameWnd, aber Instanz MyFrameWnd).

Member-Variablen beginnen mit einem „m_" und folgen sonst der Konvention samt Präfix (Beispiel: m_bCheck).

## 1.7.2 Begriffserklärungen

### 1.7.2.1 Die Klasse

Wie oben schon erklärt, ist eine Klasse die Zusammenfassung oder Kapselung zusammengehörender Daten und Funktionen. Diese Funktionen (im Pascal-Sinne function und procedure) heißen in der OOP[12] Methoden. Die in einer Klasse gekapselten Daten und Methoden nennt man auch Member-Variablen und Member-Funktionen. Die Member-Funktionen unterscheidet man in vier teilweise kombinierbaren Arten. Dies sind die normalen, virtuellen, konstanten und statischen Methoden.

Generell sind Member zu einer Klasse gehörige Methoden und Variablen. Sie differenziert man hinsichtlich der Zugänglichkeit von außen. Gekennzeichnet sind sie durch drei Bezeichner: public-Member sind öffentlich und können auch von nicht zur Klasse gehörigen Methoden genutzt werden, private-Member können nur von zur Klasse gehörigen Methoden genutzt werden, und protected-Member stehen allen abgeleiteten und befreundeten Klassen offen. Unter ableiten versteht man das Erzeugen einer neuen Klasse aus einer schon bestehenden unter Übernahme der Funktionalität der alten Klasse. Die alte Klasse, also die, aus der abgeleitet wurde, heißt auch Vaterklasse. In C++ ist es sehr einfach, eine Klasse abzuleiten:

```
class MyDate:public Date {};
```

deklariert die Klasse MyDate als Ableitung der Klasse Date. Das Schlüsselwort public ermöglicht es MyDate, auf alle Member von Date bis auf dessen private-Member zuzugreifen. Dagegen bewirkt

```
class MyDate:Date {};          oder (was dasselbe ist)
class MyDate:private Date {};
```

daß MyDate der Zugriff auf die private- und protected-Member von Date verwehrt bleibt.

In abgeleiteten Klassen können Sie eigene Methoden definieren, aber auch schon bestehende der Vaterklasse ändern. Letzteres können Sie auf zwei Arten tun: überschreiben oder überladen. Sie überschreiben die Methode einer Vaterklasse, indem Sie eine identische Methode deklarieren: diese hat dann exakt denselben Namen und exakt dieselben Argumente. Dagegen überladen Sie die Methode einer Vaterklasse, indem Sie eine Methode gleichen Namens, aber unterschiedlicher Argumente deklarieren. In beiden Fällen muß der Rückgabetyp der Methode aber gleich bleiben. Der C++-Compiler generiert den korrekten Aufruf solcher Methoden dann anhand der Argumenttypen und -anzahl. Im Folgenden wird es meistens nicht notwendig sein, zwischen „überladen" und „überschreiben" zu unterscheiden, da die Beispiele die Unterschiede der beiden Varianten nicht ausnutzen. Ich verwende daher den meist als Zusammenfassung beider Varianten gebrauchten Begriff „überladen". Ein vergleichender Blick auf die Parameterliste von Methoden in abgeleiteten Klassen verrät Ihnen sogleich, welche der beiden Varianten Sie im Einzelfall vor sich haben.

Manchmal ist es in abgeleiteten Klassen unerwünscht, noch Zugriff auf Methoden der Vaterklasse zu haben. Dafür kommt das Schlüsselwort virtual ins Spiel, das einfach vor eine Methodendeklaration geschrieben werden kann:

---

[12]Object Oriented Programming, objektorientiertes Programmieren

12

```
virtual char *GetDate();
```

Die sog. Polymorphie („Vielgestaltigkeit") wird ermöglicht durch den Schlüsselwort-Zusatz **virtual**. Polymorphie heißt: in abgeleiteten Klassen wird bei überschriebenen Methoden immer die Methode der abgeleiteten Klasse aufgerufen (und nicht etwa die der Vaterklasse). Dies gilt vor allem auch dann, wenn der Zugriff auf die Methoden der abgeleiteten Klasse über Zeiger erfolgt. Zu kompliziert? Stellen Sie sich jede Klassendeklaration wie eine Karteikarte vor, auf der alle Methoden dieser Klasse in je einer Zeile der Karte aufgeschrieben sind. Die virtuell deklarierten Methoden sollen dabei eine Besonderheit haben: die Zeile, in der eine solche Methode steht, ist ausstanzbar - das Stückchen Karteikarte kann also herausgenommen werden, und dann könnte man an dieser Stelle durch die Karte hindurchsehen. Leiten Sie nun eine eigene Klasse ab, kopieren Sie also alle Einträge der Vater-Karteikarte auf eine neue. Überschreiben Sie dann dort einige in der Vaterklasse virtuell deklarierte Methoden durch eigene Kreationen. Legen Sie nun die neue Karteikarte unter die Vater-Karteikarte und nehmen Sie diejenigen gestanzten virtuellen Methoden aus der Vater-Karteikarte heraus, die in der abgeleiteten Klasse überschrieben wurden. Stellen Sie sich vor, Sie sehen auf die beiden übereinanderliegenden Karteikarten: Sie sehen Einträge der Vater-Karteikarte und Löcher darin, die die überschriebenen Methoden der unteren Karteikarte sichtbar machen. Genau so, wie Sie die Karten jetzt sehen, werden deren Methoden für die neue Klasse aufgerufen. Im Anhang finden Sie die zwei Beispielprogramme **Poly1.cpp** und **Poly2.cpp**, die diesen Sachverhalt verdeutlichen.

Die Instanz einer Klasse ist die definierte („ins elektronische Leben gerufene") Klasse. Diese Instanz macht die Klasse erst funktionsfähig, erst die Instanz einer Klasse verbraucht Speicherplatz. Die Definition einer Klasse ist von deren Deklaration abzugrenzen: eine Deklaration ist lediglich das „Bekanntmachen" einer Klasse. Dabei macht der Programmierer dem Compiler nur bekannt, wie diese Klasse auszusehen hat, weist ihn aber noch nicht an, auch Speicherplatz für sie bereitzuhalten.

Die Instantiierung einer Klasse (gleichbedeutend mit ihrer Definition) zieht automatisch den Aufruf ihres Konstruktors nach sich, einer speziellen Memberfunktion, die immer den Klassennamen hat und nie Rückgabewerte erzeugt. Sein Gegenstück ist der Destruktor, ebenso eine spezielle Memberfunktion, die ebenfalls immer den Klassennamen (mit vorangestellter Tilde „~") und nie Parameter hat. Der Schlüssel zum Sinn dieser beiden besonderen Methoden liegt in ihrem Namen: in Konstruktoren sollten alle Initialisierungen der Klasse stattfinden, insbesondere das Belegen der Datenmember mit sinnvollen Ausgangswerten. Destruktoren räumen eine Klasse auf, unmittelbar bevor sie ins elektronische Nirwana geht; insbesondere sollten während der Lebenszeit der Klasse berechnete wichtige Ergebnisse irgendwie gesichert werden, etwa auf Diskette, in globale Variablen oder Nachrichtenstrukturen. Konstruktoren sind niemals virtuell, Destruktoren dagegen sollten Sie immer virtuell deklarieren. Beispiel:

```
class MyDate
{
public:
  void MyDate(char *s);      // Konstruktor
  virtual ~MyDate();         // Destruktor
  virtual char *GetDate();   // Memberfunktion
};

main()
{
  char *cptr;
  MyDate Geburtstag("21.08.69");  // Konstruktoraufruf
  cptr = Geburtstag.GetDate();    // Memberfunktions-Aufruf
} // Destruktoraufruf geschieht unsichtbar
```

Der Destruktoraufruf geschieht automatisch. Am Ende von **main()** ist das kurze Programm beendet, und deswegen werden alle bis dahin geschaffenen Klassen durch impliziten Destruktoraufruf zerstört. Der Destruktor ist hier nicht ausprogrammiert, weil einfach keine Datensicherungen vorgenommen werden müssen.

Konstante Member einer Klasse erkennen Sie am Zusatz **const** hinter der Methodendeklaration:

```
class MyString
{
  char *pcName;
  int nSize;
public:
  char *GetName() const { return pcName; }
  int   GetSize() const { return nSize; }
};
```

In mit **const** deklarierten Methoden dürfen Sie keine Datenmember verändern. Hier dürften Sie also keine Änderungen an **pcName** oder **nSize** innerhalb der geschweiften Klammern vornehmen. Mit **const** gekennzeichnete Methoden können Sie also auf den ersten Blick als „harmlose Datenlieferanten" erkennen; in ihnen können ja keine Datenmember verändert werden. Nicht immer ist nämlich auf den ersten Blick in die Methodendefinition (in den geschweiften Klammern) erkennbar, ob Datenmember verändert werden.

Statische Member haben eine Besonderheit: wie oft man sie auch ableitet und instantiiert, sie existieren nur ein einziges Mal im Speicher:

```
class A {public: static int a;};
class B:public A {};
class C:public B {};
```

Zuerst wird die Klasse **A** mit dem einzigen (öffentlichen) Datenmember, der statischen Integer-Variablen **a**, deklariert. Daraus leitet **B** öffentlich ab, woraus **C** öffentlich ableitet. Jetzt existieren drei Klassendeklarationen. Auch bei mehreren Instantiierungen der Klassen existiert immer nur **eine einzige** (nämlich immer **die** identische) Variable **a** - als Folge des **static**-Schlüsselwortes.

14

## 1.7.2.2 Das Fenster

Man muß deutlich zwischen zwei Arten Fenstern unterscheiden: die ersten sind die (auf dem Desktop sichtbaren) Windows-Fenster, die zweiten die MFC-Fenster. Beide sind nicht unabhängig voneinander; so sind Windows-Fenster eine Instanz von MFC-Fenstern, wobei das nicht die einzige Funktion von MFC-Fenstern ist. Als Programmierer hat man eher mit letzteren zu kämpfen. Ein MFC-Fenster hat die Funktionalität jeder Klasse, die von der grundlegenden Fensterklasse (CWnd) abgeleitet ist. Diesen Klassen ist gemein, daß sie Nachrichten empfangen können (siehe „Das Nachrichtenkonzept"). Die Fensterklasse ist eine Klasse (wie jede andere auch), welche diese Fähigkeit des Nachrichtenempfangs jeder Klasseninstanz mit auf den Weg gibt. Sie enthält genauso Methoden wie auch andere Klassen, nur nennt man einige von ihnen anders: Fensterfunktionen. Diese Funktionen (Methoden) sind für die adäquate Reaktion des Programms auf Nachrichten verantwortlich, die Windows dem Programm geschickt hat.

## 1.7.2.3 Das Nachrichtenkonzept

Folgende Vorstellung mag zum Verständnis des Zusammenspiels von Windows und Programm hilfreich sein: In einem Haus (unser Programm) wohnen mehrere Facharbeiter (unsere Fensterfunktionen), die jeder verschiedenste Arbeiten durchführen wollen. Sie brauchen dazu jedoch die Anweisung ihres Chefs (dem Programmbenutzer), der ihnen per Post (Windows-Betriebssystem) Briefe (Nachrichten) zuschickt, woraufhin sie mit der in der Nachricht vermerkten Tätigkeit beginnen können. Vorher jedoch müssen alle Facharbeiter herausfinden, ob die Nachricht auch wirklich für sie gedacht ist, denn der eine (z.B. ein Schreiner) kann natürlich nicht die Aufgaben eines anderen (z.B. eines Dachdeckers) ausführen. Dazu gibt es im Haus ein schwarzes Brett (Message-Map), auf das der Brief gepinnt wird. Im Brieftext steht dann, welcher Facharbeiter auf diese Nachricht reagieren soll.

Diese Vorstellung berücksichtigt noch nicht, daß unter Windows mehrere Programme im (eingeschränkten) Multitasking-Betrieb laufen können. Also erweitere ich obige Vorstellung: auf den Grundstücken (dem RAM[13]) der Straße, für die die Post zuständig ist, stehen mehrere Häuser mit jeweils einer Menge Facharbeiter drin. Für jedes Haus kann der Chef Briefe schreiben. Ab jetzt weicht jedoch die Vorstellung von der Realität ab: es kann immer nur **ein** Haus der Straße einen Brief bekommen. Ein Windows-interner Verteiler (Scheduler) sorgt dafür, daß diese Regel auch eingehalten wird. Erhält ein Haus einen Brief, fangen dessen Facharbeiter mit ihrer Tätigkeit an. Je nach Aufgabe brauchen sie nur kurze Zeit oder ziemlich lange. Windows hat darauf keinen Einfluß; einmal zur Arbeit gebracht, werkeln die Facharbeiter munter drauflos, ohne von Windows unterbrochen werden zu können. Diese Eigenschaft von Windows faßt man mit dem Begriff non-preemptive zusammen. Damit die Facharbeiter der anderen Häuser jedoch auch wieder einmal zum Zuge kommen, muß sich das gerade arbeitende Haus beschränken und seine Arbeit selbst unterbrechen. Es muß sich also kooperativ gegenüber den anderen Häusern verhalten.

Diese Vorstellung möge man bei der Programmierung immer im Hinterkopf behalten; das rücksichtslose und sehr anwenderunfreundliche Blockieren des Gesamtsystems kann man so vermeiden.

---

[13]Random Access Memory, wahlfreier Zugriffsspeicher. Les- und schreibbarer Hauptspeicher des Computers, in dem Programme gespeichert werden können.

# 2 Step-by-Step-Tutorial zur Windows-Programmierung mit MFC

## 2.1 Vorbemerkung

Mit diesem Tutorial soll ein einfach verständlicher Einstieg in die Windows-Programmierung mit C++ gegeben werden. Zu diesem Zweck stelle ich insgesamt vier Beispielprogramme vor, die eine schrittweise Einführung in diese Thematik darstellen. Zuerst beschreibe ich den generellen Aufbau eines Programmes, wie es unter MSVC sinnvoll ist. Dies leistet HELLO, welches als Quelltext schon dem MSVC beigelegt ist. Das zweite Beispiel Tut1 bringt Ihnen den Umgang mit den MSVC-Tools AppWizard und ClassWizard näher. Mit dem dritten und vierten Beispielprogramm VText (für ViewText) und VTDlg (für ViewTextDialog) demonstriere ich die Resourcen-Programmierung, die Basis für jedes vernünftige Windows-Programm. Die Quelltexte dieser Programme liegen im Anhang vor. Es empfiehlt sich, die Quelltexte mit dem Durcharbeiten der entsprechenden Kapitel querzulesen und zu versuchen, das, was im Text beschrieben ist, auch im Quelltext wiederzufinden.

Denken Sie daran, daß Sie für ein durch **Nachrichtenaustausch** kommunizierendes Betriebssystem programmieren --- Sie werden im allgemeinen nicht wissen, welche Methode als nächstes zur Ausführung gelangt, da Sie nicht wissen, welche Nachricht als nächstes verschickt wird. In prozeduralen Sprachen (wie C, Pascal, Basic...) legt die Abfolge der Funktionen, wie Sie sie programmiert haben, auch die Abfolge in der Programmausführung fest. Anders bei C++ (und anderen objektorientierten Sprachen): die Methodenabfolge im Quelltext ist größtenteils frei wählbar und beeinflußt die Abfolge der Programmausführung nicht.

## 2.2 Genereller Aufbau von MFC-Windows-Programmen

Mit MSVC erstellt, erzeugt, wartet und pflegt man C++-Programme zweckmäßigerweise unter Zuhilfenahme der mitgelieferten Klassenbibliothek MFC (siehe oben „1.4 Klassenbibliotheken", Seite 8). Somit beziehen sich alle folgenden Angaben speziell auf diese MFC, was jedoch keine prinzipielle Einschränkung, sondern eher eine deutliche Arbeitserleichterung bedeutet. Wenn auch der generelle Aufbau eines funktionsfähigen MFC-Programms schnell dargelegt ist, ist für eigene Anwendungen das Verständnis einiger zugrundeliegender Abläufe in Windows selbst hilfreich und notwendig. Bei der Erstellung eigener Programme vermeidet man so von vornherein Fehler, die ohne dieses Verständnis nicht gefunden und beseitigt werden können.

Weiter hinten beschreibe ich noch AppWizard und ClassWizard, welche die Applikationserstellung und -Wartung drastisch erleichtern können. Als Voraussetzung für deren Anwendung ist allerdings notwendig, daß das Programm dokumentenorientiert[14] ist. Dies stellt im allgemeinen keine Einschränkung dar, denn bestimmt 98% aller Windows-Programme sind dokumentenorientiert. (Fast alle restlichen lassen sich so „zurechtbiegen".)

Für die sichere Anwendung dieser Hilfstools ist allerdings das (umständlichere) manuelle Erstellen der Programme hilfreich. Dies will ich im Folgenden beschreiben.

---

[14]Ein Programm ist dann dokumentenorientiert, wenn es die Bearbeitung voneinander unabhängiger Datenblöcke (Dokumente) erlaubt. Eine Textverarbeitung ist z.B. dokumentenorientiert, da man einzelne Textfiles editieren kann, ein Terminalprogramm im allgemeinen nicht.

16

## 2.2.1 Grundlagen

Für ein simples MFC-Programm benötige ich mindestens zwei Klassen: eine Anwendungsklasse und eine Fensterklasse. Üblicherweise leite ich diese aus den MFC-Klassen **CWinApp** und **CFrameWnd** ab. Ableiten von Klassen ist eine wichtige Programmiertechnik und wird noch häufig praktiziert. Sie erreichen damit, daß die Klasse quasi Ihnen gehört und sie sorglos einzelne Methoden überschreiben oder hinzufügen können. Dies ist das eigentliche Programmieren, das noch gewissen Konventionen folgt (dazu später mehr). Haben Sie das soweit getan, brauchen Sie nur noch die Anwendungsklasse instantiieren. Durch den automatischen Aufruf des Klassenkonstruktors[15] startet nun Ihre Applikation, indem er nacheinander alle Initialisierungen vornimmt, das Hauptfenster anzeigt und in die Nachrichtenschleife von Windows verzweigt. Alles weitere wird durch die Nachrichten von Windows veranlaßt, die über die Message-Map der eigenen Applikation die ausprogrammierten Methoden aufrufen.

Instanzen können Sie nicht nur von Klassen erzeugen, sondern auch von ganzen Programmen. Wenn umgangssprachlich von „ein Programm laufen lassen" die Rede ist, wird in Programmierterminologie „eine Instanz der Applikation erzeugt". Wie auch von Klassen können Sie von Applikationen mehrere Instanzen erzeugen - ein Programm also mehrfach laufen lassen. Der Programmcode wird dabei nur ein einziges Mal im Speicher sein müssen, wohingegen die **Daten** für jede Instanz getrennt vorliegen müssen. Der Code muß aber noch eine spezielle Forderung erfüllen: er muß reentrant sein. Das bedeutet, daß das Abarbeiten einer Methode der ersten Instanz nicht die Abarbeitung derselben oder einer anderen Methode der zweiten Instanz stören darf. Insbesonders darf der Code nicht selbstmodifizierend sein; einige Compiler erlauben dieses Feature, um effizienteren Code zu erzeugen.

Der große Vorteil von MFC (und anderen Klassenbibliotheken) ist nun, daß die ankommenden Nachrichten einfach verteilt werden können - durch Überladen und Ausprogrammieren der entsprechenden (Fenster-)Funktionen. Weiterhin werden die Daten der Nachrichten vor dem Methodenaufruf korrekt typisiert. Dies war mit dem SDK eine beliebte und ziemlich schwierig herauszufindende Fehlerquelle.

Zusammenfassend läßt sich festhalten: man leitet zuerst eine Anwendungsklasse und eine Fensterklasse ab, überlädt einige Methoden und programmiert sie aus, erstellt eine Message-Map und ruft den Konstruktor der Anwendungsklasse auf - fertig ist das Windows-Programm!

## 2.2.2 Die Quelldateien `.C`, `.CPP`, `.H`, `.DEF`, `.ICO`, `.RC`

Mit Anwendung des MSVC hält sich ein Programmierer am besten an einige Konventionen, in welche Dateien er welche Programmteile schreibt. Er erleichtert damit nicht nur anderen, sondern auch sich ganz erheblich die Wartbarkeit und Lesbarkeit des Codes. Da dies ganz einfache Regeln sind, sollte man sich auch an sie halten.

Quelldateien unterschiedlichsten Inhaltes kann man an deren Datei-Extensionen[16] auseinanderhalten. So enthält eine `.C`-Datei C-Quelltext, und eine `.CPP`-Datei C++-Quelltext (von C++ → „C-plusplus" → CPP). Da wir hier in C++ programmieren, wird nur die Extension `.CPP` (und nicht `.C`) vorkommen. In ein solches File kommt die Implementierung aller Klassen und Methoden, die benötigt werden. Im Gegensatz dazu schreibt man in Files mit `.H`-Extension die **Deklaration** seiner Klassen und Methoden. In `.DEF`-Files steht die Modul-Definition für den Linker. Die Dateien mit Extension `.ICO` und `.RC` erzeugt man mit dem Resource-Editor AppStudio. Im `.ICO`-File ist das Aussehen eines Icons oder sonstigen

---

[15] Jede Klasse besitzt einen Konstruktor. Er wird automatisch mit dem Instantiieren einer Klasse ausgeführt. Er ist überladbar und trägt denselben Namen wie die Klasse.

[16] Beispiel: Die Extension von **HELLO.CPP** lautet `.CPP`, die von **HELLO.H** lautet `.H`

Grafik-Elementes codiert. Das `.RC`-Textfile enthält die eigentliche Resource-Datei mit Menülistings, Accelerator-Definitionen und anderen Resourcen.

## 2.3  Das Programm-Grundgerüst (HELLO)

Zuerst stelle ich die Windows-Programmierung an einem einfachen praktischen Programmbeispiel dar - HELLO. Sie finden es mit dem MSVC mitgeliefert, und zwar im Verzeichnis MSVC/MFC/Samples/HELLO. Starten Sie Ihren Compiler und laden sich mit *Project/Load* die Datei HELLO.MAK ein (dies ist die automatisch erstellte Make-Datei von HELLO). Sie brauchen in diesem Beispiel noch nichts abzuschreiben oder selbst zu programmieren. Versuchen Sie nur, die Erklärungen nachzuvollziehen und im Quelltext wiederzufinden.

Führen Sie nun HELLO aus (mit *Project/Build* und *Project/Execute*).

### 2.3.1  Was macht HELLO?

Nach einiger Compilierzeit erscheint ein Fenster mit dem Text „Hello,Windows!" und dem Fenstertitel „Hello Foundation Application". Ein Menü mit dem einzigen Punkt *Help* ist erkennbar. Führen Sie ihn aus - *About Hello ... F1*. Es erscheint ein mit *OK* abklickbares Dialogfenster. Drücken Sie probeweise *F1* - klar, der Dialog erscheint wieder. Skalieren Sie das Hauptfenster durch Ziehen mit der Maus an der rechten unteren Ecke: Sie bemerken, daß der Fenstertext „Hello, Windows!" immer in der Fenstermitte erscheint. Ikonisieren Sie das Hauptfenster[17] und betrachten Sie das Programm-Icon auf der Windows-Workbench: es ist ein Männchen, untertitelt mit dem Fenstertitel. Aktivieren Sie es durch Doppelklick und beenden Sie die Applikation mit Doppelklick auf das Schließsymbol.

Wenn Sie sich diesen Abschnitt erarbeitet haben, wissen Sie, wie Sie ein solches Programm selbst erstellen könnten... und noch viel mehr: den generellen Aufbau eines Windows-Programms nämlich!

### 2.3.2  Analyse von HELLO

Im folgenden analysiere ich die Dateien mit Extension `.ICO`, `.RC` `.H` und `.CPP`. Die Listings der wichtigsten Quelltexte[18] finden Sie im Anhang. Verfolgen Sie diese Analyse, indem Sie die jeweilige Datei von der Visual Workbench aus betrachten. Probieren Sie ruhig ein wenig herum und gewöhnen Sie sich so an die Art des Datei-Zugriffs.

Sie müssen sich keinesfalls die Namen aller Methoden merken, doch soll sich im Laufe der Analyse ein gewisses Verständnis für den allgemeinen Ablauf eines Windows-Programms herausbilden.

#### 2.3.2.1  Einfache Resourcen mit AppStudio (HELLO.ICO, HELLO.RC)

Das wichtigste Werkzeug zur interaktiven Resourcen-Erstellung ist **AppStudio**. Hier legen Sie das Aussehen Ihres Programms fest, so wie es der Anwender in Windows zu Gesicht bekommt. Bevor Sie direkt in die Programmierung einsteigen, sollten Sie zuerst das Erscheinungsbild Ihrer Applikation festlegen. Dies hat den Vorteil, daß Sie sich schon eine Strukturierung der gewünschten Programmfeatures zurechtlegen, die sich dann auch in den Klassen und Methoden wiederfinden. Die Voraussetzung ist, daß Sie einige Erfahrung mit

---

[17]mit dem Symbol „Pfeil nach unten" rechts oben im Hauptfenster
[18]HELLO.H, HELLO.CPP, HELLO.DEF

dem Aufbau und den Möglichkeiten von Windows-Anwendungsprogrammen brauchen - das soll dieses Tutorial leisten. Sie können das Erscheinungsbild Ihrer Applikation hinterher immer noch ändern, doch hat das auch Auswirkungen auf die Programmierung. Erstellen Sie mit AppStudio deshalb die Resourcen erst nach gründlicher Überlegung. Für dieses Beispiel **HELLO** hat sich Microsoft schon Gedanken gemacht. In **HELLO** finden sich nun folgende vier Resourcen wieder:

- Accelerator, Hotkeys (die F1-Taste)
- Dialog (der menüaktivierte „About Hello"-Dialog)
- Icon (das kleine Icon-Männchen)
- Menu (*Help* samt Unterpunkt *About Hello ...*)

Diese Resourcen (und noch einige mehr) können Sie mit AppStudio erzeugen (im *Tools*-Menü). Aktivieren Sie AppStudio: es erscheint ein Fenster, in dem die Resourcen des aktuellen Projektes erscheinen - genau jene oben im Text. Probieren Sie ein wenig herum (tun Sie es wirklich!). Sie können sich anzeigen lassen, wieviele und welche Art von Resourcen sich im Projekt befinden. Sie können alle Resourcen umfangreich editieren. Die Bedienung von AppStudio ist recht einfach; genauer erkläre ich die einzelnen Bedienmöglichkeiten später. Verändern Sie ruhig ein paar Einstellungen, Dialoglayouts oder Acceleratortasten; AppStudio fragt Sie am Ende, ob Sie die Änderungen speichern wollen, und dann drücken Sie einfach *Nein*. Wenn Sie das Beispiel von CD-ROM geladen haben, ist ein Abspeichern ohnehin nicht möglich. Dazu müßten Sie das gesamte **HELLO**-Verzeichnis auf Festplatte kopieren und in allen Dateien das Dateiattribut „schreibgeschützt" abschalten[19].

Für Ihre eigene Applikation würden Sie jetzt also mit AppStudio Ihre gesamten Resourcen erstellen und abspeichern. Sie würden die Dateien **HELLO.ICO** und **HELLO.RC** mittels AppStudio erzeugen (und noch ein paar Dateien mehr, die automatisch eingebunden werden).

Wenn Sie sich im Folgenden einmal fragen, warum und weshalb eine bestimmte Funktion implementiert und beschrieben wird, stellen Sie fest, daß die meiste Arbeit von den oben benannten Resourcen stammt. Denken Sie daran: Sie **wollen**, daß Ihr Programm seine Funktionalität mit Hilfe dieser Resourcen bekommt, also müssen Sie sie auch implementieren!

### 2.3.2.2 Die Klassen- und Methodendeklaration (**HELLO.H**)

Wie fange ich mit dem Programmieren an? Wie oben beschrieben, brauche ich zuerst die Deklaration einer Fensterklasse (aus **CWnd**) und einer Applikationsklasse (aus **CWinApp**). Diese Klassen leite ich ab, gebe ihnen damit neue Namen und deklariere darin noch die Methoden, die ich für meine Applikation brauche. All dies schreibe ich dann in das File **HELLO.H**.

Das eigentliche Ausprogrammieren der so deklarierten Methoden wird in diesem Abschnitt noch nicht erklärt (erst im darauffolgenden Abschnitt). Hier wird zunächst einmal das Klassengerüst erläutert, auf dem die Programmierung der einzelnen Methoden aufbaut.

#### 2.3.2.2.1 Behandlung von Include-Files

Ein .**H**-File[20] wird von anderen Dateien eingebunden. Da man bei unübersichtlichen Projekten eventuell unabsichtlich ein .**H**-File mehrfach einbinden würde, schützt man dieses File durch folgende Präprozessor-Instruktionen davor:

---

[19]Das geschieht mit dem Windows-Dateimanager unter *Datei/Eigenschaften... Dateiattribute*.
[20].**H** steht für „Header" (Kopfdatei, per #include einzubindende Deklarationen)

```
#ifndef __HELLO_H__
#define __HELLO_H__
// hier steht der Programmtext
#endif // __HELLO_H__
```

Wenn man seinen Programmtext mit diesen Instruktionen kapselt, wird er für das gesamte Projekt nur ein einziges Mal eingebunden - Mehrfach-Einbindung kostet nur zusätzlich Speicher. Ein Doppel-Slash // kennzeichnet den Rest einer Zeile als Kommentar; dieser ist nicht für die Funktion des Programms erforderlich und könnte gelöscht werden.

### 2.3.2.2.2 Die Deklaration der Fensterklasse

```
class CMainWindow : public CFrameWnd
{
public:
    CMainWindow();

    afx_msg void OnPaint();
    afx_msg void OnAbout();

    DECLARE_MESSAGE_MAP()
};
```

Hier wird die Klasse **CMainWindow** als eine von **CFrameWnd** abgeleitete Klasse deklariert. Der **public**-Teil ist der einzige hier zu verändernde Bereich. Man findet zuerst die Deklaration des Konstruktors unserer abgeleiteten Klasse, der nach C++-Konvention genauso heißt wie „seine" Klasse: **CMainWindow()**;. Die Klammern kennzeichnen den Konstruktor als Methode; was genau in dieser Methode gemacht wird, interessiert uns hier noch nicht. Erst in **HELLO.CPP** werden ja die einzelnen Methoden ausprogrammiert.

Es folgen zwei spezielle Methoden, die als **afx_msg**[21] gekennzeichnet sind. Mit diesem Makro bezeichnet man Methoden, welche über die Message-Map Nachrichten empfangen. Hier sind es **OnPaint()** und **OnAbout()**, die beide keine Rückgabewerte haben (**void**). Näheres dazu siehe bei der Message-Map-Erklärung („2.3.2.3 Methodendefinitionen und Message-Map", Seite 21).

Das letzte Element der neuen Fensterklasse ist ein Makro, mit dem man die Message-Map selbst deklariert. Das tut man üblicherweise immer an dieser Stelle: möglichst am Ende einer Klassendeklaration. Das liegt daran, daß das Makro **DECLARE_MESSAGE_MAP()** sich selbst einen **private**- und **protected**-Bereich definiert, und diese Definition die Sichtbarkeit der eigenen Klassenmember beeinflussen könnte, wenn nicht sofort danach wieder eines der Schlüsselworte **private, protected** oder **static** folgt.

---

[21]In dieser MFC-Version hat **afx_msg** noch keine Funktion; es wird mit Blanks überschrieben. In folgenden MFC-Versionen kann dieses Makro aber eine Aufgabe haben, so daß es sinnvoll ist, es zur Kennzeichnung von Fensterfunktionen zu benutzen.

### 2.3.2.2.3 Die Deklaration der Anwendungsklasse

```
class CTheApp : public CWinApp
{
public:
    BOOL InitInstance();
};
```

Die neue abgeleitete Klasse **CTheApp** basiert auf **CWinApp**. Es wird nur die Methode **InitInstance()** überschrieben, deren Ausprogrammierung erst in **HELLO.CPP** erfolgt. Das Überschreiben ausgerechnet von **InitInstance()** hat seinen Grund in der Verwaltungsarbeit, die Windows mit **HELLO** (und jedem anderen Programm) veranstaltet:
- Der Konstruktor[22] der Anwendungsklasse wird aufgerufen. Hier finden wichtige Initialisierungen statt.
- Windows ruft die (in MFC versteckte) Einsprungfunktion **WinMain** auf.
- Wurde die erste Instanz von **HELLO** gestartet, wird **InitApplication()** aufgerufen.
- Ein Aufruf von **InitInstance()** initialisiert die aktuelle Programminstanz (und auch alle weiteren, ohne erneuten Aufruf von **InitApplication()**).
- Durch Aufruf von **Run()** wird die Nachrichtenschleife in Gang gesetzt, bis das Programm beendet wird.
- Mit Beendigung der Nachrichtenschleife ruft **Run()** die Methode **ExitApplication()** auf.

Jede dieser genannten Methoden (**InitInstance**, **InitApplication**, **Run**, **ExitApplication**) ist überlad- oder überschreibbar (so wie **InitInstance**, siehe obigen Quelltext), da sie Teil von **CTheApp** ist. Mit **HELLO** möchte ich nur eine einzige Programminstanz erzeugen. Daher ist auch **InitInstance()** die richtige Methode, um eigene Initialisierungen vorzunehmen. Wollte ich mehrere Programminstanzen erzeugen, müßte ich auch **InitApplication()** überladen und entsprechend ausprogrammieren. Darüber hinaus muß das Speichermodell auf kleiner als *Large* gestellt werden (unter *Options/Project.../Compiler.../Memory Model*). Andere Instanz-spezifische Initialisierungen übernimmt MFC schon für uns, so daß wir auch von daher **InitApplication()** nicht überladen und ausprogrammieren müssen.

### 2.3.2.3 Methodendefinitionen und Message-Map (**HELLO.CPP**)

Was steht noch im Pflichtenheft zur Programmfertigstellung? Aus der Erklärung von **HELLO.H** im vorhergehenden Abschnitt ergeben sich folgende Punkte:
- In der Fensterklasse **CMainWindow**: der Klassenkonstruktor **CMainWindow** und die Methoden **OnPaint** und **OnAbout** müssen ausprogrammiert werden.
- Die Message-Map muß erstellt werden mit Einträgen für die Nachrichtenweiterleitung von Windows-Nachrichten an **OnPaint** und **OnAbout**.
- In der Anwendungsklasse **CTheApp**: die Methode **InitInstance** muß ausprogrammiert werden.
- Alle benötigten Header-Files müssen per **#include** eingebunden werden.
- Schließlich muß noch der Code für den Start der Applikation programmiert werden.

Die letzten beiden Punkte sind die einfachsten, so daß sie in **HELLO.CPP** ganz am Anfang stehen:

---

[22]Der Konstruktor wurde nicht überladen und ist daher identisch mit dem Konstruktor der Basisklasse **CWinApp**.

### 2.3.2.3.1 Include-Files und Startcode

```
#include "stdafx.h"
#include "resource.h"

#include "hello.h"
```

Die Dateien **stdafx.h** und **resource.h** verbinden unser Programm mit unbedingt erforderlichen Definitionen und Deklarationen sowie den oben „erstellten" Resourcen.

```
CTheApp NEAR theApp;
```

Hier passiert mehr, als man eigentlich denkt: eine Variable **theApp** wird definiert als vom Typ **CTheApp**[23]. Unter C++ zieht die Definition einer Klasse den automatischen Aufruf des Klassenkonstruktors nach sich. Natürlich ist dieser Konstruktor überladbar; in **HELLO** brauchen wir jedoch keine speziellen Funktionen, die das Ausprogrammieren des Konstruktors rechtfertigen würden. Somit wird der Konstruktor der Basisklasse aufgerufen, der die gesamte Verwaltungsarbeit in Gang setzt, die ich bei der Beschreibung der Anwendungsklasse (siehe dort) schon erläutert habe. In einem Satz: diese Zeile ist der Code zum Start der Applikation!

### 2.3.2.3.2 Der Konstruktor CMainWindow

Im Konstruktor der Fensterklasse **CMainWindow** wird die Accelerator-Tabelle geladen, die hier nur einen einzigen Eintrag hat (Sie erinnern sich: mit *F1* konnten Sie den *About*-Dialog zur Anzeige bringen); zu diesem Zweck stellt **CFrameWnd** die Methode **LoadAccelTable** bereit. Dann kann mit der Methode **Create** und den angegebenen Argumenten das Haupfenster erstellt werden - und das war es schon:

```
CMainWindow::CMainWindow()
{
    LoadAccelTable( "MainAccelTable" );
    Create( NULL, "Hello Foundation Application",
        WS_OVERLAPPEDWINDOW, rectDefault, NULL, "MainMenu" );
}
```

Nun wird sich kein normaler Mensch alle Argumente einer Methode merken können - es ist schon schwierig genug, überhaupt die richtige (zuständige) Methode herauszufinden! Mit steigender Programmierpraxis werden Sie sich an die benötigte Methodenabfolge erinnern. Hier brauchen wir nur **LoadAccelTable** und **Create**. Brauchen Sie mehr Information über die Klassenmember von **CMainWindow** - fragen Sie die Online-Help! Beachten Sie, daß die MFC-Basisklasse **CFrameWnd** heißt. Aktivieren Sie *Help/Foundation Classes*. Sie wollen etwas über eine Klasse wissen: schauen Sie unter *Class Library Topics*. Dort finden Sie den Eintrag *Visual Object Classes* - und nichts anderes ist unser **CMainWindow**: eine Klasse, die sichtbare Objekte behandelt. Drücken Sie auf den Knopf, und Ihnen eröffnet sich eine Vielzahl von MFC-Klassen, sie Sie sich alle näher anschauen können. **CMainWnd** finden Sie unter *Window Classes* - klicken Sie auf den grünen Eintrag. Sie sehen nun alle Klassenmember, darunter auch **LoadAccelTable** und **Create**. Klicken Sie auf deren grünen Eintrag, werden diese Methoden samt ihren Übergabeparametern genau erklärt. Sie werden alle wichtigen (und auch

---

[23]**NEAR** ist ein Makro, das **_near** entspricht und bedeutet, daß ein Objekt nur von dem Speicher-Segment aus erreichbar ist, in dem es definiert ist. Siehe auch im Online-Help-System des MSVC.

unwichtigeren) Informationen in der Online-Help wiederfinden, solange Sie nur genau wissen, wonach Sie eigentlich suchen. Erklären Sie sich zur Übung die Parameter des oben angegebenen `Create`-Aufrufs anhand der Online-Help, und verinnerlichen Sie die Vorgehensweise des Informationsabrufes für zukünftige Fragen. So lernen Sie, wie Sie sich Informationen für die Erstellung eigener Projekte beschaffen.

### 2.3.2.3.3 Die Methode `OnPaint`

Die Memberfunktion `OnPaint` ist, wie ihr Name schon andeutet, für die grafische Ausgabe in unserem Programm zuständig. In diesem grafisch doch etwas rudimentären Beispiel schreibt `OnPaint` lediglich den String „Hello, Windows!" in die Mitte des Fensters.

Gar so einfach gestaltet sich diese Aufgabe in einem fensterorientierten Betriebssystem wie Windows aber nicht. Will man in ein geöffnetes Fenster (durch `Create` erzeugt, siehe oben) auch noch etwas ausgeben, ist zwingend ein sogenannter Device Context (DC) erforderlich. Man kann sich einen DC etwa wie folgt vorstellen: ein Schriftsteller möchte einen Aufsatz verfassen (unser Programm soll einen Text ausgeben). Dazu braucht er eine Unterlage (ein Fenster), auf der den der sein Papier (den Device Context) legt. Erst dann kann er mit dem Schreiben anfangen.

MFC wäre keine gute Klassenbibliothek, stellte sie nicht schon eine eigene Klasse für die Realisierung dieses Anliegens zur Verfügung: `CPaintDC`. Sie ist speziell für unser Problem geschaffen, innerhalb von `OnPaint` für die Bereitstellung eines DC zu sorgen. Er wird mit dem `this`[24]-Zeiger aufgerufen. Sie erhalten mehr Informationen, indem Sie `CPaintDC` voll markieren und dann *F1* drücken. Die Online-Help erscheint, und Sie wählen, was Sie gerne wissen möchten.

```
void CMainWindow::OnPaint()
{
    CString s = "Hello, Windows!";
    CPaintDC dc( this );
    CRect rect;

    GetClientRect( rect );
    dc.SetTextAlign( TA_BASELINE | TA_CENTER );
    dc.SetTextColor( ::GetSysColor( COLOR_WINDOWTEXT ) );
    dc.SetBkMode(TRANSPARENT);
    dc.TextOut( ( rect.right / 2 ), ( rect.bottom / 2 ),
                s, s.GetLength() );
}
```

Die Methode `GetClientRect` findet für Sie die Grenzen des Hauptfensters heraus (sie bestimmt, wie groß das Stück Papier ist, auf dem der Schriftsteller schreiben möchte), und speichert diese als `int`-Zahlen in `rect`, einer Variablen vom Typ `CRect` (Online-Help!).

Es folgen nun einige Memberfunktionen aus `CPaintDC`, die den auszugebenden Text ausrichten (`SetTextAlign`), ihn mit spezieller Farbe versehen (`SetTextColor`) und den Hintergrund-Modus festlegen (`SetBkMode`). Mittels `TextOut` wird der im `CString` s gespeicherte Text „Hello, Windows!" mittig im Hauptfenster ausgegeben. Dazu wird mit `rect.right/2` und `rect.bottom/2` die Mitte der gerade mittels `GetClientRect` bestimmten Grenzen des Hauptfensters berechnet. Da der Text mit `SetTextAlign` durch

---

[24]`this` ist in C++ ein spezieller Zeiger, der auf das Objekt (Klasse) zeigt, aus dem heraus man eine Memberfunktion aufruft.

sein Argument **TA_CENTER** auf „zentriert" formatiert wurde, erscheint der Text nun bei jedem Aufruf von **OnPaint** in der Hauptfenstermitte.

Und wann wird **OnPaint** aufgerufen? Jedesmal, wenn Windows die Nachricht **WM_PAINT** verschickt - was immer dann passiert, wenn sich das Fenster in irgendeiner Art geändert hat... unter anderem also auch dann, wenn der Anwender das Hauptfenster neu skaliert (durch Mausziehen an der rechten unteren Ecke). Somit ist erklärt, wie es das Programm schafft, den Text nach jeder Fensterskalierung durch den Anwender sein „Hello, Windows!" immer noch fenstermittig auszugeben.

### 2.3.2.3.4 Die Methode OnAbout

Wie implementiere ich nun die Menüfunktion? Die Darstellung auf dem Windows-Desktop an sich ist gesichert - durch die Vorarbeit mit AppStudio ist das grafische Aussehen ja schon festgelegt. Noch aber hat unser Programm keine Ahnung, was es denn überhaupt machen soll, wenn wir den (einzigen) Menüpunkt auswählen oder wahlweise den Accelerator *F1* drücken. Uns ist klar: das Programm soll daraufhin den Dialog anzeigen, der ebenfalls per AppStudio designt wurde. Klar ist auch, daß die zuständige Methode **OnAbout** heißen soll - wegen der Deklaration von **OnAbout** innerhalb der Klasse **CMainWindow** in **HELLO.H**. So kondensieren wir diesen Sachverhalt in einer Methode:

```
void CMainWindow::OnAbout()
{
    CDialog about( "AboutBox", this );
    about.DoModal();
}
```

Zuerst wird eine Variable **about** vom Typ **CDialog** definiert. Ein Blick in die Online-Help verrät uns die Bedeutung der Argumente: zuerst ein nullterminierter String als Dialogname (ein Quercheck mit AppStudio zeigt uns, daß der gewünschte Dialog tatsächlich „AboutBox" heißt), dann der obligate **this**-Pointer.

Durch Auflistung der **CDialog**-Member in der Online-Help erfahren wir außerdem, daß mit **DoModal** ein Dialog erzeugt wird, der keine Eingabe außerhalb des Dialogfensters erlaubt, der also vom Anwender abgearbeitet werden muß, ehe er mit der weiteren Arbeit fortfahren kann. Solche Art Dialog nennt sich eben **modal**. Es gibt noch einige weitere Dialogarten, auf die ich aber noch gesondert eingehen werde („2.5 Dialogboxprogrammierung", ab Seite 57).

### 2.3.2.3.5 Die Message-Map

Vielleicht haben Sie sich schon gefragt, wie es unser Programm denn nun schafft, gerade die Windows-Nachricht **WM_PAINT** ausgerechnet an die Methode **OnPaint** weiterzugeben. Oder mit welcher Nachricht unser Programm denn nun erfährt, ob und welches Menü denn durch den Anwender angewählt wurde, und daraufhin **OnAbout** aufruft. Wie diese beiden Methoden programmiert werden, haben Sie ja soeben gelesen. Doch bisher „schweben" sie ja nur im Code-Wald herum, ohne bisher auch nur eine einzige Nachricht empfangen zu haben oder überhaupt die Möglichkeit dazu zu haben. Sie werden es bereits ahnen: die Lösung für diese Problematik liegt in der **Message-Map**. Wie nun ist eine solche aufgebaut?

```
BEGIN_MESSAGE_MAP( CMainWindow, CFrameWnd )
    ON_WM_PAINT()
    ON_COMMAND( IDM_ABOUT, OnAbout )
END_MESSAGE_MAP()
```

Jede Message-Map ist, wie ersichtlich, durch die Makros **BEGIN_MESSAGE_MAP()** und **END_MESSAGE_MAP()** eingerahmt. Das Makro **BEGIN_MESSAGE_MAP()** hat zwei Argumente: erstens die Fensterklasse, für die die Message-Map Nachrichten verteilen soll, und zweitens die MFC-Basisklasse ebendieser Fensterklasse. Gemäß Erklärung („Die Klassen- und Methodendeklaration (HELLO.H)") sind das hier **CMainWindow** als abgeleitete Fensterklasse und **CFrameWnd** als die zugehörige MFC-Basisklasse.

Man unterscheidet mehrere Nachrichtengruppen, die alle mit **ON_** beginnen. Hier sind deren zwei von Interesse: **ON_WM_PAINT**[25] und **ON_COMMAND**.

Die **ON_WM**-Nachrichtengruppe hat eine Besonderheit: es ist schon festgelegt, wie die Methode[26] heißt, die bei Eintreffen der entsprechenden **WM**-Nachricht ausgeführt wird. Hier im Beispiel wird bei Eintreffen einer **WM_PAINT**-Nachricht der Funktions-Prototyp namens **OnPaint** ausgeführt. Weil diese Zuordnung Nachricht→Funktions-Prototyp für diese Nachrichtengruppe schon **vorher** in MFC festgelegt wurde, benötigt man in der Message-Map keine weiteren Argumente mehr zu **ON_WM**-Einträgen. Man muß bei der Programmierung nur darauf achten, die richtigen Methodennamen zu verwenden. Diese Zuordnungen findet man wiederum übersichtlich in der Online-Help aufgelistet[27].

Die **ON_COMMAND**-Nachrichten haben als erstes Argument immer die Nachricht, als zweites immer den Namen des Funktions-Prototypen. Hier im Beispiel wird also auf die Ankunft einer **IDM_ABOUT**-Nachricht in die **OnAbout**-Methode verzweigt. Durch Angabe dieser beiden Argumente wird in der Message-Map der Bezug Nachricht→Funktions-Prototyp hergestellt. Woher bekomme ich aber die Nachricht, auf die ich die **OnAbout**-Methode verzweige? Sehen Sie in AppStudio nach - dort werden Sie **IDM_ABOUT** definiert finden[28].

### 2.3.2.3.6 Überlagern der Methode **InitInstance**

Damit unser Projekt korrekt initialisiert wird, benötigen wir eine Methode, die am Anfang der Programmausführung aufgerufen wird. Wie oben bereits dargelegt, eignet sich die Methode namens **InitInstance** für diesen Zweck (und auch für die Großzahl aller Applikationen überhaupt). Die Methode ist Teil unserer Anwendungsklasse **CTheApp**. In ihr wird auch die Fensterklasse initialisiert.

---

[25]Gehört zur großen Gruppe der **ON_WM**-Nachrichten. Diese Nachrichten bezeichnen allgemeine Windows-Nachrichten. Dazu gehören z.B. auch Nachrichten, die Maus(einzel/doppel)klicks anzeigen. Siehe auch Online-Help.

[26]In diesem Kontext nennt man die Methode auch „Funktions-Prototyp".

[27]Markieren Sie einen beliebigen **ON_WM**-Eintrag und drücken Sie *F1*. Wegen der großen Anzahl der möglichen **ON_WM**-Message-Map-Einträge sind sie alphabetisch geordnet. Zugriff auf einen anderen Alphabet-Bereich in der Online-Help können Sie hier mit *Suchen* erreichen.

[28]Aktivieren Sie AppStudio, Klicken Sie Menu an, öffnen Sie *MainMenu*. Wählen Sie das dargestellte Menü *Help* aus und doppelklicken Sie *About Hello... F1*. Im nun erscheinenden Dialog steht die **IDM_ABOUT**-Definition. Ändern Sie den Nachrichtennamen hier, müssen Sie das auch in der Message-Map tun.

```
BOOL CTheApp::InitInstance()
{
    TRACE( "HELLO WORLD\n" );

    SetDialogBkColor();

    m_pMainWnd = new CMainWindow();
    m_pMainWnd->ShowWindow( m_nCmdShow );
    m_pMainWnd->UpdateWindow();

    return TRUE;
}
```

Das `TRACE`-Makro ist für Debug-Zwecke gedacht (Online-Help). Mit einem Aufruf von `SetDialogBkColor` innerhalb `InitInstance` geht man sicher, alle Farbwerte auf die Defaults[29] eingestellt zu haben.

Als nächstes wird die Membervariable `m_pMainWnd` definiert. Mit dem (C-Befehl) `new` erzeugt man ein Objekt im Speicher - hier ist es `CMainWindow`, das per `new` instantiiert wird. In dieser Zeile wird (wie immer bei Klasseninstantiierungen) dessen Konstruktor, hier `CMainWindow` aufgerufen.

Die Member `ShowWindow` und `UpdateWindow` werden quasi immer genau so wie hier aufgerufen. `ShowWindow` mit dem Argument `m_nCmdShow` legt den Sichtbarkeitsstatus des Fensters fest, und wird so nur einmal im gesamten Programm aufgerufen (siehe Online-Help zu ShowWindow). Die Methode `UpdateWindow` hat nur die Aufgabe, eine `WM_PAINT`-Nachricht abzuschicken - wir wissen mittlerweile, daß diese Nachricht durch unsere Message-Map direkt an die Methode `OnPaint` weitergeleitet wird, die daraufhin für die Textausgabe „Hello, Windows!" sorgt.

Wurden all diese Initialisierungen bis dato fehlerfrei ausgeführt, terminiert `InitInstance` mit dem Rückgabewert `TRUE`. Gab es Fehler, kommt die letzte Zeile gar nicht zur Ausführung.

### 2.3.3 Programmieren mit Hilfe von AppWizard und ClassWizard

Im ersten der folgenden Kapitel lernen Sie, ein einfaches Projekt mit Hilfe von AppWizard zu erstellen. Es wird Ihnen bekannt vorkommen - es macht dasselbe wie das oben analysierte `HELLO`. In einem zweiten Kapitel erweitern Sie das Projekt ein wenig mit Hilfe von ClassWizard.

Wie oben schon dargelegt, unterscheiden sich diese beiden Tools deutlich voneinander:

- AppWizard erstellt Ihnen ein Programm-Skelett, das Sie als Grundlage für Ihr eigenes Programm benutzen und nach eigenen Vorstellungen beliebig erweitern können. Sie benutzen AppWizard nur einmal am Beginn Ihres Projektes.
- ClassWizard unterstützt Sie bei der Pflege Ihrer Message-Map und den zugehörigen Fensterfunktionen. Sie können und sollten ClassWizard während der gesamten Projektentwicklung benutzen.

#### 2.3.3.1 AppWizard - ein Programmskelett schnell erstellen (Tut1)

Mit nur wenigen Handgriffen werden Sie ein funktionsfähiges Programm erstellen. Es geht gleich in medias res:

---

[29]Default: voreingestellter Wert, übliche Grundeinstellung.

- Starten Sie AppWizard mit *Project/AppWizard...* . Es erscheint ein Dialog.
- Geben Sie im Feld *Project Name* den Namen Ihres Projektes ein, z.B. `tut1` (für Tutorial, erstes Beispiel). Wählen Sie das Verzeichnis auf Ihrer Festplatte aus, unter welchen Ihr Projekt abgelegt werden soll.
- Klicken Sie *Options...* an. Im nun aktiven Dialog sorgen Sie dafür, daß nur die Einträge *Initial Toolbar*, *Printing and Preview Options* sowie *Generate Source Comments* angewählt sind. Benutzen Sie das *Medium*-Speichermodell und klicken Sie in diesem und dem ersten Dialog *Ok* an.
- Es erscheint ein Status-Fenster, das die Klassen und Eigenschaften Ihres neu zu erstellenden Projektes zusammenfaßt, wie Sie sie sich soeben eingestellt haben. Unter *Classes to be created* finden Sie die Klassen, wie sie auf die verschiedenen Quelltexte verteilt sind - ein späterer Blick in das Projektverzeichnis wird Ihnen verraten, daß genau die angegebenen Files erzeugt wurden. Die Namen dieser Files setzen sich immer nach demselben Schema zusammen (wie dort beispielhaft gezeigt). Drücken Sie *Cancel*, wenn Sie einzelne Punkte ändern wollen - da dies hier nicht nötig ist, drücken Sie *Create*.
- Der MSVC erstellt nun automatisch alle benötigten Sourcefiles.
- Lassen Sie das so erstellte Projekt laufen (mit *Project/Build* und *Project/Execute*). Es erscheint das Fenster dieser „Do-nothing"-Applikation samt Menü, Toolbar und Statuszeile.

Mit diesem Programm können Sie noch nicht viel anfangen, da hier gar nichts passiert. Damit dieses Skelett-Projekt aber trotzdem etwas Sinnvolles tun kann, müssen Sie manuell weitermachen:

- Ergänzen Sie im Quelltext `TUT1VIEW.H` für die Klasse `CTut1View` die folgenden Zeilen ganz am Beginn der Klassendeklaration:

```
class CTut1View : public CView
{
private:
    CRect m_ClientRect;
protected: // create from serialization only
    CTut1View();
    DECLARE_DYNCREATE(CTut1View)
```

- Laden Sie den Quelltext `TUT1VIEW.CPP` ein, suchen Sie die `OnDraw`-Methode, löschen Sie den vorhandenen Funktionsrumpf und ergänzen Sie sie mit dem grau unterlegten Text:

```
// CTut1View drawing

void CTut1View::OnDraw(CDC* pDC)
{
    CString str = "Hello, Windows!";

    GetClientRect(m_ClientRect);
    pDC->SetTextAlign(TA_BASELINE | TA_CENTER);
    pDC->SetTextColor(::GetSysColor(COLOR_WINDOWTEXT));
    pDC->SetBkMode(TRANSPARENT);
    pDC->TextOut(m_ClientRect.right/2, m_ClientRect.bottom/2,
                 str, str.GetLength());
}
```

- Führen Sie das Programm jetzt aus.

Sie werden feststellen, daß TUT1 ähnlich wie HELLO aussieht - in der Mitte die Ausgabe „Hello, Windows!". Sie können TUT1 ikonisieren oder Menüpunkte abrufen; da Sie aber noch keine Funktion weiter ausprogrammiert haben, funktionieren nur die automatisch implementierten Methoden. Diese sind der *About*-Dialog und das Ausdrucken des Bildschirminhaltes samt Voranzeige. Das *View*-Menü besitzt ebenfalls Funktionalität.

Im Vergleich zu HELLO hat sich nur wenig geändert - rect heißt jetzt m_ClientRect und ist global (für die Klasse CTut1View) deklariert, und die Ausgabe des Textes findet nicht mehr in der Methode OnPaint, sondern in einer namens OnDraw statt.

### 2.3.3.2 Programmerweiterung mit ClassWizard

Üblicherweise interagiert jedes Windows-Programm mit seinem Anwender. Der Mechanismus dafür ist bekanntermaßen die Message-Map. Im Folgenden erweitern Sie das gerade erstellte TUT1-Projekt mit Hilfe von ClassWizard um die Behandlung grundlegender Mausaktionen. Für jede dieser Behandlungen müßten Sie manuell insgesamt drei Änderungen in Ihren Quelltexten vornehmen:

- In der **Message-Map** müssen Sie ein Makro eintragen (z.B. ON_WM_LBUTTONDOWN), so daß Windows weiß, auf welche Aktion (z.B. Druck der linken Maustaste) Ihr Programm reagieren möchte.
- In der **Klassendeklaration Ihrer Fensterklasse** (in HELLO war es CWnd, in TUT1 die daraus abgeleitete Klasse CView) müssen Sie Ihre zum Message-Map-Eintrag passende Fensterfunktion deklarieren (z.B. afx_msg void OnLButtonDown(UINT nFlags, Cpoint point).
- Sie müssen eine **Fensterfunktion passend zum Message-Map-Eintrag** programmieren. Diese Methode wird dann immer automatisch aufgerufen, wenn der Anwender die Aktion vornimmt (z.B. die linke Maustaste drückt), für die die Methode programmiert wurde.

Da dieser Vorgang immer so stattfindet, kann er auch automatisiert werden - und genau das tut ClassWizard. Erweitern Sie nun TUT1 um zwei Einträge für den Druck auf die linke und die rechte Maustaste:

- Aktivieren Sie ClassWizard (**Browse/ClassWizard...**). Klicken Sie auf die *ObjectID* **CTut1View**. In der rechten Listbox erscheinen Windows-Messages. Aktivieren Sie die beiden Messages **WM_LBUTTONDOWN** und **WM_RBUTTONDOWN** (durch Doppelklick auf die beiden Messages oder mit *Add Function*).
- Erweitern Sie den Quelltext **TUT1VIEW.H**:

```
class CTut1View : public CView
{
private:
    CRect m_ellipseRect, m_ClientRect;
```

- Ändern Sie die durch ClassWizard erstellten Funktionskörper in **TUT1VIEW.CPP**:

```
// CTut1View message handlers

void CTut1View::OnRButtonDown(UINT nFlags, CPoint point)
{
    m_ellipseRect = CRect(0, 0, m_ClientRect.right,
                          m_ClientRect.bottom);
    InvalidateRect(CRect(0, 0, m_ClientRect.right,
                         m_ClientRect.bottom));

}

void CTut1View::OnLButtonDown(UINT nFlags, CPoint point)
{
    m_ellipseRect = CRect(m_ClientRect.right /2 -
                          m_ClientRect.right /8,
                          m_ClientRect.bottom/2 -
                          m_ClientRect.bottom/8,
                          m_ClientRect.right /2 +
                          m_ClientRect.right /8,
                          m_ClientRect.bottom/2 +
                          m_ClientRect.bottom/8);
    InvalidateRect(CRect(0, 0, m_ClientRect.right,
                         m_ClientRect.bottom));
}
```

- Erweitern Sie ebenfalls in **TUT1VIEW.CPP** den **CTut1View**-Klassenkonstruktor:

```
// CTut1View construction/destruction

CTut1View::CTut1View()
{ m_ellipseRect = CRect(0, 0, 100, 100); }
```

- Nun ergänzen Sie noch in der OnDraw-Methode in TUT1VIEW.CPP:

```
// CTut1View drawing

void CTut1View::OnDraw(CDC* pDC)
{
  CString str = "Hello, Windows!";

  GetClientRect(m_ClientRect);
  pDC->SelectStockObject(GRAY_BRUSH);
  pDC->Ellipse(m_ellipseRect);

  pDC->SetTextAlign(TA_BASELINE | TA_CENTER);
  pDC->SetTextColor(::GetSysColor(COLOR_WINDOWTEXT));
  pDC->SetBkMode(TRANSPARENT);
  pDC->TextOut(m_ClientRect.right/2, m_ClientRect.bottom/2,
               str, str.GetLength());

}
```

Führen Sie das Programm nun aus. Probieren Sie ein wenig herum: drücken Sie abwechselnd die rechte und linke Maustaste. Es erscheinen große und kleine Ellipsen. Skalieren Sie das Programmfenster und klicken Sie wiederum Maustaste links und rechts. Die große Ellipse (erscheint bei Druck auf die rechte Maustaste) fügt sich genau in das Fenster ein.

Neu hinzugekommen ist die Methode InvalidateRect. Sie veranlaßt Windows, bei einer späteren Zeichenaktion nur den angegebenen Bereich neu zu zeichnen. Mit m_ellipseRect ist ein neuer Klassenmember hinzugekommen, in dem die begrenzenden Rechteckkoordinaten der zu zeichnenden Ellipse gespeichert sind. Die Device-Context-Methoden SelectStockObject und Ellipse sorgen dann dafür, daß eine grau gefüllte Ellipse in das Programmfenster gezeichnet wird.

## 2.4 Resourcen-Programmierung

In diesem Teil des Tutorials geht es allgemein darum, wie man Resourcen erstellt und sie in ihrer Funktionalität programmiert. Generell muß man sich merken, daß durch das Erstellen einer Resource mit AppStudio noch rein gar nichts passiert. Die gezeichneten Menüs, Dialogboxen, Scrollbars oder sonstige Resourcen lägen einfach nur so auf der Festplatte herum - und dazu sind sie nicht da. Durch den vorherigen Abschnitt über die Verwendung von ClassWizard kennen Sie die weitere Vorgehensweise der Aktivierung und Einbindung in eine Applikation. Im Folgenden nun werde ich die manuelle Programmierung dieses Vorgehens am Beispiel aller möglichen AppStudio-Resourcen erklären.

Das erste von zwei Beispielen heißt ViewText und behandelt elementare Resourcen-Programmierung: Wartung und Pflege von Menüs und dynamisch erstellte (Popup-)Menüs, Accelerators, Scrollbars, einfache Dialogboxen. Nebenher erfahren Sie noch etwas über Standard-Dialogboxen, einfache Dateibehandlung, sowie Textausgabe und -formatierung im Hauptfenster.

Das zweite Beispiel behandelt ausführlich die Dialogboxprogrammierung.

Die Beispiele werde ich nun nicht mehr so ausführlich wie oben kommentieren; ich setze die Kenntnis des vorherigen Abschnittes als bekannt voraus. Würde jede Methode, die hier verwendet wird, genau erklärt, hätte dieses Werk die Bezeichnung **Kurz**tutorial nicht mehr verdient. Ihre wichtigsten Hilfsmittel sind (in dieser Abfolge):

- Die eingebaute Online-Help,
- die abgedruckten Beispiellistings (ein Listing sagt mehr als tausend Worte!),
- Nachschlagewerke (im Lieferumfang des MSVC),
- Lehrbücher mit vielen Beispiellistings.

Vielleicht haben Sie sich schon gefragt, warum man denn unbedingt eine separate Kunst der Resourcenbehandlung und -programmierung braucht. Die Antwort: man braucht nicht, aber es ist sinnvoll, weil

- die Resourcen eine logisch vom Programm getrennte eigene Abteilung darstellen und mit gesonderter Behandlung die Übersichtlichkeit im Quellcode der Applikation steigt,
- Resourcen bei Speicherknappheit kurzerhand gelöscht werden und erst wieder bei erneutem Bedarf von der Festplatte nachgeladen werden[30], was erst durch einheitliche und separate Behandlung ermöglicht wird,
- es ein eigenes grafisches Werkzeug zum Erstellen von Resourcen möglich macht.

### 2.4.1 Was macht `ViewText`?

ViewText ist ein einfacher Windows-basierter Textdarsteller (wie es auch der DOS-Befehl `more` ist). Mit ihm können Texte in mehreren Fonts mit unterschiedlicher Höhe und Farbe dargestellt werden. Außerdem kann man im Text beliebig hoch- und herunterscrollen. Die Bedienung erfolgt dabei mit Maus und (teils wahlweise) der Tastatur. Einfache Nachrichtenboxen informieren Sie dabei über besondere Mausbedienung. Viele Befehle sind außerdem in der Menüleiste untergebracht; in dynamischen Popup-Menüs können Sie Texteigenschaften verändern.

In dieser Form bestehen ein paar Einschränkungen, die ViewText als vollwertigen Textdarsteller disqualifizieren; vor allen Dingen ist der Text durch die einfach gehaltene Laderoutine auf eine Länge von 200 Zeilen bei maximal 79 Zeichen pro Zeile limitiert. Zur Darstellung des Prinzips ist dies aber vollkommen ausreichend.

Das Programm ist selbsterklärend; um einen Eindruck davon zu bekommen, was Sie in Kürze selbst programmieren können, sollten Sie es starten und ein wenig damit herumspielen. Öffnen Sie von der MSVC-Oberfläche das Projekt `ViewText.mak`, compilieren Sie es und führen es aus.

### 2.4.2 Menüs und Accelerators

Ein Menü hat fast jedes Programm, denn es erleichtert dem Anwender den Einstieg in dessen Bedienungsweise. Den Accelerator (oder neudeutsch Beschleunigertaste, Hotkey oder Shortcut) haben manche Menüeinträge, um den für den flüssigen Gebrauch lästigen Griff zur Maus zu vermeiden. Manche stark tastaturgestützte Anwendung (wie eine Textverarbeitung z.B.) besitzt darüber hinaus noch Accelerators für nicht über Menüs erreichbare Befehle (wie etwa "lösche das vor dem Cursor stehende Zeichen" = Backspace).

Neben den per AppStudio erstellten (Resource-)Menüs gibt es noch (dynamisch erzeugte) Popup-Menüs (und einige eher unwichtige Zwischenarten). Letztere programmiert man vor allen Dingen dann, wenn häufig gebrauchte Funktionen in einem Menü erscheinen sollen.

---

[30]Wenn Sie bei vollem Hauptspeicher z.B. in WinWord ein Menü angeklickt haben, erscheint es nicht sofort, sondern erst nach etwas Festplattenaktivität. Da ein Menü eine Resource ist, kann es von Platte nachgeladen werden, wenn der Hauptspeicher anderweitig gebraucht wurde.

Man aktiviert sie nämlich meist durch nur einen Mausklick im Hauptfenster und vermeidet so das teils langwierige "Durchhangeln" durch Menühierarchien. ViewText benutzt diese Art Popup-Menüs, um die Fontfarbe und Fontgröße einzustellen - dazu später mehr.

### 2.4.2.1 Das Hauptmenü

Das Hauptmenü befindet sich in der oberen Hauptfensterleiste und folgt im Aufbau meist einigen Konventionen: es gibt die Menüpunkte *Datei, Bearbeiten, Ansicht* und *Hilfe*, respektive *File, Edit, View* und *Help* in englischsprachigen Applikationen. Die zugehörigen Unterpunkte und deren Funktionen sind hinlänglich bekannt; Tut1 hat alle diese Menüs, sie sind jedoch nicht alle ausprogrammiert. Diese Menüleiste ist natürlich beliebig erweiterbar.

#### 2.4.2.1.1 Erstellen von Menüs

Laden Sie das Projekt **VTEXT** und starten Sie AppStudio unter *Tools/AppStudio*. Sie können nun die zu **VTEXT** gehörige Resource-Datei editieren. Klicken Sie den *Menu*-Eintrag und doppelklicken Sie den einzigen Eintrag *IDR_MAINMENU*. Es erscheint ein Fenster, das Ihnen das **VTEXT**-Menü präsentiert. Sie können nun jeden Eintrag aufrufen und durch Doppelklick bearbeiten. Dabei erscheint ein Bearbeitungsdialog der Bezeichnung *Menu: Menu Item Properties*. Hier können Sie alle Einträge vornehmen, die Sie wünschen. Insbesondere sind dies:

- Den **Menüeintrag** im Feld *Caption*. Dort schreiben Sie hinein, was Ihr Menü darstellen soll. Einen Shortcut (in Form eines unterstrichenen Buchstabens) erzielen Sie durch Voranstellen des Ampersand-Zeichens &. Fügen Sie Text nach einem \t ein, wird er im Menü rechtsbündig angezeigt; so stellt man im allgemeinen Accelerators dar (siehe dort).
- Den Menü-ID, also **Menübezeichner**, im Feld *ID*. Unter dieser int-Variablen ist der aktuelle Menüeintrag per Message-Map zu erreichen.
- Die **Art des Menüeintrags** durch die Checkboxen. Hier bedeutet *Separator* ein waagerechter Trennungsstrich (zur besseren Menügruppierung), *Popup* bezeichnet ein Untermenü.

Klicken Sie das Fragezeichen für weitere Informationen an. Die symbolische Nadel links neben dem Fragezeichen „pinnt" den Dialog „fest", so daß Sie mehrere Menüeinträge hintereinander bearbeiten können, ohne den Dialog ständig neu aktivieren zu müssen.

#### 2.4.2.1.2 Integration von Menüs in die Applikation

An fünf Dinge müssen Sie denken, wenn Sie die erstellten Menüs auch in Ihrer Applikation nutzen wollen: Die Zuordnung des Menüs zum Hauptfenster, die Message-Map mit entsprechenden Einträgen und deren Deklaration, die Definition der Menübezeichner sowie als Wichtigstes: das Ausprogrammieren der Fensterfunktionen. Dies bedeutet im einzelnen:

- Sie müssen dafür sorgen, daß das Menü einem Fenster - Ihrem Hauptfenster in diesem Fall - zugeordnet wird. Dies erreichen Sie durch folgendes grau unterlegtes Makro in dem **Create**-Aufruf, der Ihr Hauptfenster erzeugt:

```
CMainWindow::CMainWindow()
{
  LoadAccelTable(MAKEINTRESOURCE(IDR_MAINACCELTABLE));
  Create(NULL,
         "ViewText",
         WS_OVERLAPPEDWINDOW | WS_VSCROLL | WS_HSCROLL,
         rectDefault,
         NULL,
         MAKEINTRESOURCE(IDR_MAINMENU));
  ShowScrollBar(SB_BOTH,FALSE);
}
```

- Sie müssen in der Deklaration Ihrer Hauptfensterklasse das Makro DECLARE_MESSAGE_MAP() einfügen:

```
class CMainWindow : public CFrameWnd
{
// hier stehen die ganzen afx_msg-Einträge
  DECLARE_MESSAGE_MAP()
};
```

- Sie müssen eine Message-Map erstellen. Diese enthält sämtliche Menübezeichner, wie Sie sie in AppStudio den Menüeinträgen zugeordnet haben[31]. Die dafür notwendigen Message-Map-Einträge folgen immer dem Schema ON_COMMAND(<Menübezeichner>, <Methode>). Hier ein Auszug aus der VTEXT-Message-Map:

```
BEGIN_MESSAGE_MAP(CMainWindow,CFrameWnd)
  ON_WM_CLOSE()
  ON_WM_PAINT()
  ON_WM_HSCROLL()
  ON_WM_VSCROLL()

  ON_WM_RBUTTONDOWN()
  ON_WM_MBUTTONDOWN()
  ON_WM_LBUTTONDOWN()

  ON_COMMAND(IDM_OEFFNEN    ,OnOeffnen)
  ON_COMMAND(IDM_SCHLIESSEN,OnSchliessen)
  ON_COMMAND(IDM_BEENDEN    ,OnClose)

  ON_COMMAND(IDM_UEBER      ,OnUeber)
  ON_COMMAND(IDM_INFO       ,OnInfo)
// und noch ein paar weitere Einträge
END_MESSAGE_MAP()
```

Die den Menüpunkten zugeordneten Methoden (zweiter Parameter jedes ON_COMMAND-Eintrags) müssen ausprogrammiert werden. So finden Sie in den Quelltexten Methoden mit Namen OnOeffnen, OnSchliessen, OnClose, OnUeber, OnInfo und noch weitere (zum vollständigen Rest der Message-Map gehörige).

---

[31]Für den Menüpunkt *Hilfe/Info* z.B. verschickt Windows eine WM_COMMAND-Nachricht mit dem Bezeichner IDM_INFO.

- Die Menübezeichner müßten Sie auch noch definieren, wenn Sie die Menü-Resource nicht mit AppStudio erstellt hätten. So wurde das nun für Sie erledigt; die Bezeichner finden Sie in `Resource.h`. Dort können Sie sie zwar frei editieren, doch bringen Sie damit AppStudio in seiner Organisation durcheinander. Tun Sie das also nur dann, wenn Sie nicht mehr auf AppStudio zurückgreifen möchten.

- Die Methoden, die Sie in den vorigen Schritten so kunstvoll mit entsprechenden Mausaktionen verbunden haben, warten nur noch auf die Ausprogrammierung. Am Beispiel einiger unter den Menüpunkten *Text* und *Bewegen* aufgeführten Funktionen will ich diese Arbeit erläutern. Die restlichen Menüpunkte, insbesonders die Dateibehandlung, die Fonts und die Popup-Menüs, erläutere ich später.

Folgende Methode wird durch Auswahl des Hauptmenüpunktes *Text/Invertieren* und durch Druck auf die mittlere Maustaste[32] aufgerufen.

```
static BOOL inverted = FALSE;

void CMainWindow::OnInvers()
{
    CMenu *menu;

    inverted = !inverted;
    menu = GetMenu()->GetSubMenu(1);
    menu->CheckMenuItem(IDM_INVERS,
            MF_BYCOMMAND|(inverted?MF_CHECKED:MF_UNCHECKED));
    InvalidateRect(NULL,TRUE);
    UpdateWindow();
}
```

Eigentlich geht es hier nur um den Wert der globalen Variable `inverted`, der jedesmal bei Aufruf der Methode umgekehrt wird. Eine `CMenu`-Pointervariable `menu` wird angelegt, und mittels einiger Memberfunktionen wird der *Invertiert*-Menüpunkt ausgewählt und mit Checkhaken versehen. Diese Methoden sind:

- `GetMenu` liefert einen Zeiger[33] auf das `CMenu`-Objekt des Hauptfensters unserer Applikation. Dies bezeichnet die Menüleiste an sich.

- `GetSubMenu` liefert ebenfalls einen Zeiger auf ein `CMenu`-Objekt, in diesem Fall die Untermenüs. Sämtliche Untermenüs (und auch all deren Unter- und Unter-Unter- usw. menüs) werden nämlich alle in einem separaten `CMenu`-Objekt gespeichert. Das Argument von `GetSubMenu` ist ein `int`-Wert, der die Position des Untermenüs kennzeichnet, beginnend bei 0. In obigem Beispiel ist also das zweite Untermenü von links gemeint: *Text*.

- `CheckMenuItem` behandelt den Checkhaken in Abhängigkeit des `inverted`-Wertes. Diese Methode benötigt zwei Argumente, die Auskunft darüber geben müssen, welcher Menüpunkt gemeint ist und ob der Checkhaken gesetzt oder gelöscht werden soll. Damit auch der richtige Menüpunkt behandelt wird, braucht `CheckMenuItem` als erstes

---

[32]Sofern Ihre Maus eine dritte (mittlere) Taste hat, funktioniert diese Abfrage korrekt. Es gibt jedoch Maustreiber, die eine dynamische Zuweisung von Tastenklicks erlauben. Um unsere Applikation nicht zu Fehlschlüssen zu verleiten, sollten Sie diese Zuweisungen in Ihren Systemeinstellungen ausschalten.

[33]Dieser Zeiger ist ein temporäres Objekt und als solches eventuell nicht über die Dauer von mehr als einer Nachricht gültig. Daher ist Vorsicht angesagt; man sollte diesen Zeiger (und alle anderen, die in der Online-Help als temporäre Objekte erklärt werden) regelmäßig (am Anfang einer Fensterfunktion etwa) neu definieren!

Argument den ID des Menüs (hier **IDM_INVERS**) oder dessen Position (erster Menüpunkt hat den Positionsindex 0, hier im Beispiel nicht verwendet). Das zweite Argument ist eine VerODERung[34] zweier Werte: der Art der Referenzierung[35] und ob der Checkhaken gesetzt oder gelöscht werden soll[36].

Unter dem Menüpunkt *Bewegen* finden sich Standardbefehle und -Accelerators zum Bewegen im Text. Dazu wurden wiederum einige globale Variablen angelegt:

```
static int  firstline = 0;
static int  lines_per_page = 10;
```

**lines_per_page** wird durch **OnPaint** verändert, je nach Schriftgrad und -größe. In **firstline** steht die Zeilennummer der ersten sichtbaren Bildschirmzeile. Eine Methode, die eine Seite vorblättert, sähe damit wie folgt aus:

```
void CMainWindow::OnSeiteVor()
{
    firstline += lines_per_page;
    UpdateDisplay();
}
```

Alle anderen Methoden sind ähnlich programmiert; wichtig ist der Aufruf von **UpdateDisplay**. Diese selbst zu programmierende Methode (die später genauer erläutert wird) schiebt sich quasi zwischen unsere selbsterstellten Methoden und die **CWnd**-Methode **UpdateWindow**. Diese sorgt nämlich dafür, daß bei geänderten Fensterinhalten eine **WM_PAINT**-Nachricht von Windows verschickt wird, die dadurch automatisch **OnPaint** aufruft und für die Aktualisierung des Fensterinhaltes sorgt. In **UpdateDisplay** nun werden einige Variablen aktualisiert, ehe der eben beschriebene Mechanismus in Gang gesetzt wird. Deshalb rufen die meisten unserer Methoden **UpdateDisplay** und nicht sofort **UpdateWindow** auf.

## 2.4.2.2 Accelerators

Im vorherigen Abschnitt war dargelegt, wie man in einem Menü kenntlich macht, daß der entsprechende Menüpunkt durch einen Accelerator aufrufbar ist: per \t-Anweisung im *Caption*-Feld des Bearbeitungsdialoges für Menüs. Nun haben Sie damit aber noch gar keine Funktionalität programmiert, denn in Ihr Menü können Sie ja schreiben, was Ihnen Spaß macht. Die eigentliche Accelerator-Erstellung führen Sie mit einem AppStudio-Editor aus. Sie unterscheidet sich auch von der oben beschriebenen &-Methode, für deren Funktionieren Sie ausnahmsweise nichts weiter tun mußten.

---

[34]Das logische ODER | setzt gesetzte Maskenbits im Ergebniswert. Merkwort: HineinODERn. Gegenteil: logisches UND &, das gelöschte Maskenbits im Ergebniswert löscht. Merkwort: WegblANDen (wegblenden). Siehe Wahrheitstabellen in Programmierhandbüchern (Boolesche Algebra).
[35]Die Art der Referenzierung ist entweder die über die Position oder über den Menü-ID. Das heißt, es gibt **MF_BYPOSITION** (erstes Argument bedeutet eine Positionsangabe, beginnend bei 0 wie bei **GetSubMenu**) und **MF_BYCOMMAND** (erstes Argument wird als ID interpretiert). Diese Art der Referenzierung wird häufig verwendet: in einem zweiten Argument einer Methode muß der Programmierer angegeben, wie das erste Argument zu interpretieren ist - hier im Beispiel also entweder als Position oder als ID.
[36]**MF_CHECKED** oder **MF_UNCHECKED**; hier gäbe es noch weitere Möglichkeiten wie **MF_GRAYED** oder **MF_DISABLED**; siehe Online-Help.

#### 2.4.2.2.1 Erstellen von Accelerators

Klicken Sie im AppStudio-Hauptfenster den Accelerator-Eintrag und doppelklicken Sie *IDR_ACCELERATOR*. Es erscheint eine Liste von Zuordnungen von IDs zu Tasten; die Bezeichnungen sind meist selbsterklärend. Durch Druck auf *Properties...* erscheint ein der Menüerstellung ähnlicher Dialog, in dem sie alle nötigen Accelerator-Spezifikationen eintragen können. Besonders einfach ist die Bedienung durch den Button *Next Key Typed*: der nächste Tastendruck (mit Modifier[37]) bestimmt den Eintrag in der Combobox *Key*. Der Sinn des ganzen Dialogs ist hier nur, einem Key (Tastendruck oder -kombinationen) ein ID zuzuordnen. Dieser ID hat dieselbe Bedeutung wie bei der Menüerstellung, für unsere Accelerators sind sie sogar identisch. Wir wollen ja gerade, daß bei Druck auf den spezifizierten Key genau dieselbe Aktion ausgeführt wird, die auch auf das Anwählen des zugehörigen Menüpunktes ausgeführt wird. Die IDs für Menüs und Accelerators sind also gleichwertig.

Zusätzlich könnten Sie noch Accelerators definieren, die sich nicht auf einen schon erstellten Menüeintrag beziehen. Er verhält sich dabei genau so, als ob ein Menüaccelerator definiert wurde, nur daß er nicht per Menü, sondern nur per Key aufrufbar ist.

#### 2.4.2.2.2 Integration der Accelerators in die Applikation

Um die Accelerators auch im eigenen Programm wirksam werden zu lassen, reicht folgende grau unterlegte Zeile (aus **VTEXT.CPP**):

```
CMainWindow::CMainWindow()
{
    LoadAccelTable(MAKEINTRESOURCE(IDR_MAINACCELTABLE));
    Create(NULL,
           "ViewText",
           WS_OVERLAPPEDWINDOW | WS_VSCROLL | WS_HSCROLL,
           rectDefault,
           NULL,
           MAKEINTRESOURCE(IDR_MAINMENU));
    ShowScrollBar(SB_BOTH,FALSE);
}
```

### 2.4.2.3 Dynamisch erzeugte lokale Popup-Menüs

Der Begriff dynamisch erzeugte Menüs bedeutet hier, daß (im Gegensatz zu statischen, mit AppStudio erstellten) Menüs erst während des Programmlaufs erstellt werden und nicht schon als Resource auf der Harddisk warten. Lokal sind die Menüs dann, wenn sie losgelöst von der Hauptmenüleiste des Fensters erscheinen, vorzugsweise direkt unter dem Mauszeiger. Popup-Menüs gibt es lokal als auch stationär (an die Hauptmenüleiste gebunden). Sie bezeichnen Menüklappen, so wie sie jedem Anwender bekannt sind; in Popup-Menüs stehen die ausführbaren Befehle. In **VTEXT** erscheint z.B. auf Druck der rechten Maustaste im View-Bereich des Hauptfensters ein dynamisch erzeugtes lokales Popup-Menü (kurz: Popup-Menü), das die Festlegung der Fonthöhe ermöglicht:

---

[37]Ein Modifier ist eine der drei Tasten Strg, Alt oder Umschalt (Ctrl, Alt oder Shift auf englischsprachigen Tastaturen). Er macht aus einem Tastendruck eine Tastendruckkombination.

```
static int height = 12;

void CMainWindow::OnRButtonDown(UINT nFlags, CPoint point)
{
   CMenu menu;
   CRect winrect;

   GetWindowRect(winrect);
   menu.CreatePopupMenu();
   menu.AppendMenu(MF_STRING|height==6
                     ?MF_CHECKED:MF_UNCHECKED,IDM_HEIGHT6 ,"6");
   menu.AppendMenu(MF_STRING|height==8
                     ?MF_CHECKED:MF_UNCHECKED,IDM_HEIGHT8 ,"8");
   menu.AppendMenu(MF_STRING|height==12
                     ?MF_CHECKED:MF_UNCHECKED,IDM_HEIGHT12,"12");
   menu.AppendMenu(MF_STRING|height==16
                     ?MF_CHECKED:MF_UNCHECKED,IDM_HEIGHT16,"16");
   menu.AppendMenu(MF_STRING|height==20
                     ?MF_CHECKED:MF_UNCHECKED,IDM_HEIGHT20,"20");
   menu.AppendMenu(MF_STRING|height==24
                     ?MF_CHECKED:MF_UNCHECKED,IDM_HEIGHT24,"24");
   menu.AppendMenu(MF_STRING|height==36
                     ?MF_CHECKED:MF_UNCHECKED,IDM_HEIGHT36,"36");
   menu.AppendMenu(MF_STRING|height==48
                     ?MF_CHECKED:MF_UNCHECKED,IDM_HEIGHT48,"48");
   menu.TrackPopupMenu(TPM_RIGHTBUTTON | TPM_CENTERALIGN,
                     point.x + winrect.left,
                     point.y + winrect.top,
                     this, NULL);
}
```

Es gibt hier vier Punkte in der Vorgehensweise, deren Abfolge das Erstellen, Anzeigen und korrekte Auswählen des gewünschten Menüpunktes veranlassen:

- Erzeugen einer CMenu-Instanz durch CMenu menu;
- Erzeugen eines leeren Menüs durch CreatePopupMenu
- Einfügen aller gewünschten Menüpunkte mittels AppendMenu
- Verfolgen der Menüauswahl mit TrackPopupMenu

CreatePopupMenu erzeugt ein leeres Popup-Menü, und AppendMenu fügt darin einen Menüpunkt nach dem anderen ein. Die Argumente bedeuten, daß der Menüeintrag in Form eines Strings vorliegt (erstes Argument MF_STRING in Verbindung mit drittem Argument "24" z.B.) und je nach Wert von height ein Checkhaken gesetzt oder gelöscht wird. TrackPopupMenu sorgt dann dafür, daß der Anwender seine Maus über das Menü gleiten lassen und seine Auswahl treffen kann. Das Popup-Menü erscheint dabei mittig (TPM_CENTERALIGN) direkt unter dem Mauszeiger (zweites und drittes Argument). Die Auswahl des Menüpunktes erfolgt durch Mausklick rechts (TPM_RIGHTBUTTON). Die einzelnen Argumente sind größtenteils selbsterklärend; diese und noch weitere CMenu-Membermethoden finden Sie übersichtlich und gut erläutert in der Online-Hilfe. Die bei AppendMenu gezeigte Art der Bedeutungsveränderung von Argumenten durch **andere** Argumente ist eine flexible Weise, den Methodenaufruf kompakt zu halten. Sie erfordert aber gute Kenntisse der einzelnen Parameter - oder das Wissen darum, wo Sie diese schnell und komplett aufgelistet nachschauen können!

Was jetzt noch fehlt, ist die **Auswertung** des durch den Anwender ausgewählten Menüpunktes, also die Definition des richtigen Wertes für die statische globale Variable **height**. Dies gelingt über den üblichen Weg der Message-Map (siehe dort im **VTEXT.CPP**-Quelltext), die alle Menübezeichner (**IDM_HEIGHTxx**) mit **OnChooseHeight** verbindet. Diese Methode sieht nun wie folgt aus:

```
static int  Aheight[] = {6,8,12,16,20,24,36,48};

void CMainWindow::OnChooseHeight()
{
   height = Aheight[GetCurrentMessage()->wParam - IDM_HEIGHT6];
   UpdateDisplay();
}
```

Das globale statische **int**-Array **Aheight** verbindet die Position (0 bis 7) seiner Einträge mit den gewünschten Fonthöhen (6 bis 48). **height** selbst bekommt nun denjenigen Wert aus **Aheight**, der der Position des vom Anwender ausgewählten Menüpunktes entspricht. Als Programmierer müssen Sie bei dieser Art der Referenz sicherstellen, daß die Abfolge der **Aheight**-Werte genau dieselbe wie in Ihrem Menü ist. Die hier verwendete Weise der Indexberechnung (mit **GetCurrentMessage**) von **Aheight** erläutere ich noch auf Seite 44 in der Erklärung für die Berechnung des korrekten Wertes der Schriftart (statische globale Variable **font**).

### 2.4.2.4 Wartung und Pflege von Menüeinträgen

MFC stellt für die Behandlung von Menüs die Klasse **CMenu** zur Verfügung. Ein Teil seiner Memberfunktionen sind oben schon beschrieben. Es ist sicher vom konkreten Anwendungsfall abhängig, was für Methoden Sie letzten Endes benutzen. Im Folgenden liste ich kurz noch die wichtigsten Methoden von **CMenu** und **CWnd** auf, die die Menübehandlung ermöglichen. Für weitere Informationen benutzen Sie die Online-Hilfe[38], insbesonders zu den genauen Argumenten und Rückgabewerten. In diesem Tutorial ist vor allen Dingen die Darstellung des prinzipiellen Funktionierens wichtig.

In unserer Klassenbibliothek gibt es keine Unterschiede zwischen lokalen (Popup-) und stationären (Hauptleisten-) Menüs, ebensowenig wie zwischen dynamischen (im Programm erzeugten) und statischen (per AppStudio erstellten): alle benutzen sie zur Speicherung ihrer Daten die **CMenu**-Struktur. Demnach sind alle **CMenu**-Bearbeitungsbefehle auch auf alle Menüarten anwendbar.

Hier sind einige wichtige Memberfunktionen von **CMenu**:

- **GetSubMenu** holt den **CMenu**-Handle[39] eines Untermenüs (siehe oben, Methode **OnInvers** in **VTEXT.CPP**),

---

[38]Von der Visual Workbench aus: *Help/Foundation Classes/Visual Object Classes/Browser/Menu Class/CMenu* für die **CMenu**-Klasse, oder für die zugehörige Hauptfensterklasse **CWnd**: *Help/Foundation Classes/Visual Object Classes/CWnd/Browser/Menu Functions* für die **CWnd**-(und damit auch **CFrameWnd**-) Methoden der Menübehandlung.

[39]Ein Handle ist eine spezielle Art der Referenzierung, insofern einem Zeiger vergleichbar. Über ein Handle kann auf das Objekt zugegriffen werden, für das der Handle initialisiert wurde - ebenso wie bei Zeigern. Was den Handle gegenüber Zeigern so speziell macht, ist seine Anpassung an die Speichersegmentierung, wie sie für IBM-kompatible PCs üblich ist. Aus diesem Grunde koexistieren Handles und Zeiger auf solchen PCs und

- `EnableMenuItem` aktiviert, deaktiviert oder unterlegt den bezeichneten Menüpunkt grau (siehe auch Listing `VTEXT.CPP`, Methode `OnOeffnen`),
- `CheckMenuItem` versieht den Menüpunkt mit einem Checkhaken, oder entfernt ihn (siehe oben, Methode `OnInvers`),
- `AppendMenuItem` fügt einen Menüpunkt an das selektierte Popup-Menü an (siehe oben und im Listing von `VTEXT.CPP`, Methoden `OnRButtonDown` und `OnLButtonDown`),
- `DeleteMenu` löscht den selektierten Menüeintrag; befindet sich hinter diesem Eintrag noch ein Popup-Menü, wird es ebenfalls automatisch gelöscht.
- `TrackPopupMenu` verfolgt die Mausbewegung eines Popup-Menüs (siehe auch oben in `OnRButtonDown`),
- `GetMenuState` liefert einen Rückgabewert, der Aufschluß darüber gibt, ob ein Menüpunkt aktiviert, deaktiviert, grau unterlegt, mit oder ohne Checkhaken usw. ist.

Und hier einige `CWnd`-Memberfunktionen, die Menüs betreffen:
- `GetMenu` holt den `CMenu`-Handle des Hauptmenüs (siehe auch oben, Methode `OnRButtonDown`),
- `GetSystemMenu` holt den `CMenu`-Handle des Systemmenüs[40], das auf diese Weise durch alle `CMenu`-Methoden bearbeitet werden kann.
- `SetMenu` „verbiegt" den `CWnd`-Menü-Zeiger auf das hier im Argument angegebene (meist selbst erstellte) Menü. So verändert man auf einen Schlag das gesamte Hauptmenü.
- `DrawMenuBar` zeichnet das Hauptmenü neu. Dies ist z.B. nach Änderungsoperationen im Menü oder nach teilweiser Verdeckung durch die Fenster anderer Applikationen angebracht.

## 2.4.3 Textausgabe und Schriftformatierung

Unter einem fenster- und grafikorientierten Betriebssystem wie Windows ist die Text- oder Grafikausgabe deutlich komplexer als unter Betriebssystemen wie DOS, wo ein Programm mit dem Bildschirm machen kann, was es will. In Windows müssen wir Rücksicht auf die Zeichenbereiche anderer Programme nehmen und auch dafür sorgen, daß unsere Darstellung von anderen Programmen mit deren Fenstern nicht gestört wird. Am besten wäre es, wenn wir **eine** Routine hätten, die genau weiß, wie unser Fenster aussehen soll - mit allen Menüs, der Schrift mit allen Attributen wie Schriftart, -formatierung, -farbe, und die auch über die aktuelle Fenstergröße bescheid weiß. Denn dann könnte sie jedesmal, wenn sie aufgerufen wird, die „schmutzige Aufräumarbeit" leisten, die für eine vernünftige Darstellung eben notwendig ist. Die Routine würde immer dann aufgerufen werden, wenn sich im Fenster irgend etwas von den oben genannten Dingen verändert hätte, um dann die Ausgabe zu aktualisieren.

Nun, diese Routine gibt es: `OnPaint` soll all dies leisten, und damit es das kann, müssen Sie als Programmierer `OnPaint` die notwendigen Daten dazu bereitstellen. Wann `OnPaint` aufgerufen wird, ist Ihnen jetzt schon klar: jedesmal, wenn unsere Applikation die Windows-Nachricht `WM_PAINT` bekommt - und das soll immer dann sein, wenn sich etwas „am

---

werden auch unterschiedlich eingesetzt. Viele Methoden und Funktionen in MFC und reinem SDK brauchen Handles auf alle möglichen Objekte. Üblicherweise benutzt man spezielle Funktionen, um das Handle eines Objektes in Erfahrung zu bringen. Man spricht dann davon, daß diese spezielle Funktion das Handle eines Objektes „holt".

[40] Das Systemmenü eines Fensters erscheint, wenn Sie den Querbalken ganz links oben in einem Fenster einmal anklicken. Bei Doppelklick oder mit dem Shortcut Alt-F4 können Sie das Fenster schließen.

Fenster" geändert hat. Sie können das Versenden einer **WM_PAINT**-Nachricht durch Aufruf von **UpdateDisplay** erzwingen (die dann die **CWnd**-Methode **UpdateWindow** aufruft).

Wie Sie weiter oben schon gelesen haben (in „2.3.2.3.3 Die Methode OnPaint", Seite 23), ist für die Ausgabe im View-Bereich[41] unseres Ausgabefensters unbedingt ein Device Context (DC) als Ausgabegerät notwendig. Er ist (für die **OnPaint**-Methode, und **nur** für sie oder alle per **WM_PAINT**-aktivierten Methoden!) in MFC durch die Klasse **CPaintDC** erschlagen. Wollen Sie außerhalb von **OnPaint** einen DC erzeugen, benötigen Sie eine andere (von der Vaterklasse **CDC** abgeleitete) Klasse. Da der **OnPaint**-Fall aber so wichtig ist, gibt es eben eine eigene Klasse für diesen speziellen Fall. Die DC-Klassen sind wahre Methodenmonster: alles, was die Ausgabe (grafische, textliche) betrifft, findet sich hier zusammengefaßt. Alle GDI[42]-Befehle sind hier gekapselt; ein DC ist sehr mächtig in seiner Funktionalität. Dafür nimmt er auch einigen Speicherplatz weg, und von Windows wird die Vergabe von DCs streng limitiert.

### 2.4.3.1 Aufbau von OnPaint

Zuerst einmal muß ein DC definiert und unserem Fenster zugeordnet werden. Dann sollte **OnPaint** ständig darüber informiert sein, wie groß denn das Fenster mit seinem Client-Bereich überhaupt ist. Folgende grau unterlegten Zeilen sorgen dafür:

```
void CMainWindow::OnPaint()
{
    CPaintDC    dc(this);
    CRect       winrect;
    ...
    GetClientRect(winrect);
    ...
}
```

Häufig hat man es nicht mit der **gesamten** Client-Area zu tun, dann etwa, wenn nur in einem Teil davon gezeichnet werden soll. Für eine logische Kapselung dieser Teilflächen gibt es ein eigenes abstraktes Ausgabegerät, die Region. Neben allen möglichen benutzerdefinierten (rechteckigen, elliptischen, ...) gibt es zwei von Windows verwaltete Regionen:

- die UpdateRegion bezeichnet eine durch **WM_PAINT**/OnPaint-Aufruf neu darzustellende Region der Client-Area,
- die ClippingRegion gibt den zur Ausgabe freigegebenen Flächenbereich der Client-Area an.

Mit diesen Regionen und den in **CWnd** dafür zur Verfügung gestellten Methoden sind komplexe Grafikfunktionen realisierbar. In der Online-Help finden Sie sie bei *CWnd* durch *Browser/Update and Painting functions*. Ich gehe hier nicht näher auf sie ein.

**OnPaint** kümmert sich auch um die Schrift und deren Attribute:

---

[41]Der View-Bereich (auch: Client-Area) eines Fensters ist seine Oberfläche minus Titelleiste, Menüs, Buttons, Scrollbars, Toolbars, Stringbars und sonstiger Bedienelemente, also dessen dem Anwender zugedachte Arbeitsoberfläche.

[42]Graphics Device Interface: der mit der grafischen Ausgabe (Text zählt auch dazu!) befaßte Teil von Windows.

## 2.4.3.2 Schriftattribute

Jeder DC kann mehrere verschiedene GDI-Objekte verwalten, siehe Tabelle. Dabei unterscheidet man zwischen **benutzerdefinierten** und **voreingestellten** Objekten. Die benutzerdefinierten sind in allen Belangen selbst definierbar, sie selektiert man mit `SelectObject` in den DC. Voreingestellte oder Stock-[43] Objekte besitzen festgelegte Standardeigenschaften und sind durch `int`-Bezeichner deklariert. Sie werden durch `SelectStockObject` mit dem DC verknüpft.

| GDI-Objekt | MFC-Klasse | Bedeutung |
|---|---|---|
| Stift | `CPen` | Zeichenstift mit bestimmter Farbe, Dicke und Muster. |
| Pinsel | `CBrush` | Dient als Füllmuster. |
| Schriftart | `CFont` | Bestimmt die Schriftart auszugebenden Textes. |
| Farbpalette | `CPalette` | Definiert neue Farbpaletten für Bildschirm, Drucker o.ä. |
| Bitmap | `CBitmap` | Dient als pixelorientierter Grafikspeicher (z.B. für Icons). |
| Region | `CRgn` | Kapselt mehrere Grafikelemente (Ellipsen, Rechtecke, ...). |

**Tabelle 2: GDI-Objekte**

Viele Attribute können fest für einen DC selektiert werden (alle, die eine `Select...`-Methode haben), so auch Schriftattribute. Dies sind unter anderem der Font selbst, seine Eigenschaften wie fett, kursiv oder unterstrichen. Mit der DC-Methode `SelectStockObject` können wir den gewünschten (voreingestellten) Font in unseren DC selektieren. Da man mit dieser Methode **generell** voreingestellte GDI-Objekte selektieren kann, ist der Typecast `(CFont *)` zur korrrekten Typerkennung (als Font und nicht etwa als Pen oder anderer GDI-Objekte) erforderlich. Als Argument verträgt `SelectStockObject` bezüglich Fonts folgende Bezeichner (in dieser Reihenfolge auch in der Online-Help):

| Bezeichner | Bedeutung |
|---|---|
| `ANSI_FIXED_FONT` | Nicht-proportionale Windows-Zeichensatz-Schriftart in Standardgröße |
| `ANSI_VAR_FONT` | Proportionale Windows-Zeichensatz-Schriftart in Standardgröße |
| `DEVICE_DEFAULT_FONT` | Standardschriftart des jeweiligen Ausgabegerätes |
| `OEM_FIXED_FONT` | Nicht-proportionale Schriftart des OEM-Zeichensatzes |
| `SYSTEM_FONT` | Die proportionale Systemschrift (in Dialogen, Iconunterschriften, Menüs, Fensterüberschriften, ...) |
| `SYSTEM_FIXED_FONT` | Die nicht-proportionale Systemschrift (wird nicht mehr verwendet; nur noch aus Gründen der Windows-3.0-Kompatibilität vorhanden). |

**Tabelle 3: Font-Argumente von `SelectStockObject`**

In dem folgenden Auszug aus `OnPaint` wird der Font ausgewählt. Die globale `int`-Variable `font` speichert die Nummer, die wir uns zur Kennzeichnung unseres Fonts ausgedacht haben. Beide oben angedeutete Methoden der Objektselektierung werden dargestellt: die Schriftarten-Auswahl für voreingestellte Fonts per `SelectStockObject` und die für benutzerdefinierte Fonts per `SelectObject`:

- In den Fällen 0 und 1 (entsprechend dem ersten und zweiten Menüpunkt) werden die voreingestellten Schriftarten `SYSTEM_FONT` und `ANSI_FIXED_FONT` per `SelectStockObject` ausgewählt. Der Rückgabewert ist ein `CFont *` und zeigt auf das

---

[43]Stock (engl.): Vorrat, Lager. Hier: der „Lagerbestand" eines DC (an vordefinierten Objekten).

vorher im DC residierende Font-Objekt. Mit diesem Zeiger kann man nach Beendigung der Applikation den Font wieder rückstellen.

- In den Fällen 2 und 3 (entsprechend dem dritten und vierten Menüpunkt) werden mit Hilfe der DC-Methode `CreateFont` die Eigenschaften des gewünschten neu darzustellenden Fonts deklariert. Dabei ist nur ein einziger `CreateFont`-Aufruf notwendig (aus einem `CFont`-Objekt heraus, hier `newfont`), da sich beide Alternativen in nur drei Punkten unterscheiden. Diese Punkte werden durch das C-Auswahlkonstrukt `?:` korrekt initalisiert. Wie Sie sehen, ist die Argumentenliste recht lang; für eine ausführliche Beschreibung jeder Alternative aktivieren Sie bitte die Online-Help. Die wichtigsten Argumente sind hier:

- die Fonthöhe (`height`, negativ anzugeben!) in (1),
- die Buchstabendicke (`0`: default, `400`: normal, `700`: fett, `1000`: vollkommen Schwarz) in (3),
- Kursivschrift (`0`: nein, `1`: ja) in (4),
- die Schriftfamilie (hier: `FF_SWISS`: serifenlose Proportionalschrift, `FF_ROMAN`: Proportionalschrift mit Serifen) in (10).

Nachdem nun der `CreateFont`-Aufruf alle Schriftattribute festlegt, braucht der so definierte Font nur noch mit `SelectObject` in den DC selektiert werden. Auch diese Methode liefert als Rückgabewert wieder den alten `CFont *` wie oben.

```
static int font = 3;

void CMainWindow::OnPaint()
{
  ...
  // Font einstellen
  CFont newfont,*oldfont;
  switch (font)
  {
    case 0 : oldfont =
             (CFont*)dc.SelectStockObject(SYSTEM_FONT); break;
    case 1 : oldfont =
             (CFont*)dc.SelectStockObject(ANSI_FIXED_FONT); break;
    case 2 :
    case 3 : BOOL ret;
             ret = newfont.CreateFont(
                               -height,               //(1)
                               0,0,0,                       //(2)
                               (font==3?700:0),             //(3)
                               (font==3?1:0),               //(4)
                               0,0,                         //(5)
                               ANSI_CHARSET,          //(6)
                               OUT_DEFAULT_PRECIS,    //(7)
                               CLIP_DEFAULT_PRECIS,         //(8)
                               DEFAULT_QUALITY,             //(9)
                               DEFAULT_PITCH |
                   (font==2?FF_SWISS:FF_ROMAN),   //(10)
                               NULL);                 //(11)
             oldfont = dc.SelectObject(&newfont);
             break;
  }
  ...
}
```

In der Zeile (11) der Argumentenliste von **CreateFont** steht ein **const char FAR *lpFacename,** hier **NULL.** Hier kann ein bestimmter Fontname stehen. Ist **NULL** angegeben, sucht sich der Windows-interne Font-Mapper automatisch den am besten zu den vorher angegebenen Argumenten passenden Font aus.

Wie der Font innerhalb von **OnPaint** eingestellt wird, haben Sie gerade gelernt. Wie aber belegen Sie die statische Variable **font** richtig? Nun, Sie müssen nur die Auswahl des Anwenders aus dem Menü *Text* korrekt in die Zahlen 0, 1, 2, 3 umwandeln, die unsere obige Routine ja in die Darstellung des richtigen Fonts übersetzt. Dies geschieht in bekannter Weise über einen Message-Map-Eintrag der entsprechenden **ON_COMMAND**-Nachricht und der Ausprogrammierung der dort referenzierenden Methode (hier **OnChooseFont** genannt). Die sieht nun wie folgt aus:

```
void CMainWindow::OnChooseFont()
{
  CMenu *menu;

  font = GetCurrentMessage()->wParam - IDM_SYSTEM;
  menu = GetMenu()->GetSubMenu(1);
  for (int i=0; i<4; ++i)
  {
    menu->CheckMenuItem(IDM_SYSTEM+i,
                        MF_BYCOMMAND|
                        (font==i?MF_CHECKED:MF_UNCHECKED));
  }
  UpdateDisplay();
}
```

Eine gerade aktuelle Nachricht erfahren Sie mit **GetCurrentMessage**; in deren Member **wParam** steht der Bezeichner des in AppStudio definierten Menüpunktes. Sie dürfen nur deswegen zu Recht hoffen, den korrekten Wert für **font** auf die dargestellte Art zu errechnen, weil alle Font-Menübezeichner in **aufsteigender** Reihenfolge in **Resource.h** definiert sind, und **IDM_SYSTEM** der **erste** in dieser Reihe ist. Nun wird der **CMenu \*menu**[44] mit dem *Text*-Menü belegt. Die folgende **for**-Schleife gibt dem Anwender ein Feedback seiner Auswahl in Form von Checkhaken: der (einzige) ausgewählte Font bekommt einen solchen, bei allen anderen nicht ausgewählten wird der (eventuell vorher gesetzte) Checkhaken gelöscht. Mittels **UpdateDisplay** veranlassen wir Windows wieder in schon bekannter Weise, **OnPaint** anzuspringen, wo dann der neue Font gesetzt wird.

### 2.4.3.3 Farben einstellen

Die Vorder- und Hintergrundfarbe des dargestellten Textes läßt sich über Menüs verändern. Dabei sind folgende Funktionen implementiert:
- Die Textfarbe läßt sich durch ein mit der linken Maustaste aktiviertes dynamisches lokales Popup-Menü unter acht Farben wählen,
- Die Hintergrundfarbe läßt sich durch Druck auf die mittlere Maustaste zwischen Schwarz und Weiß hin- und herschalten und ebenfalls auch
- durch Anwahl des statischen stationären Menüs *Text/Invertiert*.

Alles Know-how zur erfolgreichen Implementierung besitzen Sie schon. Die Vorgehensweise zur Programmierung des Textfarben-Popup-Menüs und der korrekten Belegung der zugehörigen statischen globalen Variablen **color** ist identisch mit der bereits unter „Dynamisch erzeugte lokale Popup-Menüs", Seite 36, beschriebenen. Hier sei ein Verweis auf den **VTEXT.CPP**-Quelltext im Anhang erlaubt (Methoden **OnLButtonDown** und **OnChooseColor**). Die Hintergrundfarbe läßt sich durch einen Mausklick Mitte und den Menüpunkt *Text/Invertiert* umschalten, also können beide Aktionen in nur einer einzigen Methode enden. Und genau das passiert auch in Form der Methode **OnInvers**, bereits beschrieben unter „Integration von Menüs in die Applikation", Seite 34. Die Anbindung an das Hauptmenü und den Mausklick geschieht wie üblich über die Message-Map mit folgenden Einträgen:

---

[44]Sprich: der Pointer **menu**, der auf ein **CMenu**-Objekt zeigt.

```
ON_WM_MBUTTONDOWN()
ON_COMMAND(IDM_INVERS, OnInvers)
```

Nun fehlen nur noch ein paar Programmzeilen in `OnPaint`, die das „Value-Mapping" besorgen, also die korrekte Zuordnung von (durch Menüauswahl bestimmten) `color`- und `inverted`-Wert und der zugehörigen Vorder- und Hintergrundfarbe des Textes. Mit der DC-Membermethode `SetBkColor` wird der entsprechende RGB-codierte Farbwert (für Schwarz: `0,0,0`; für Weiß: `255,255,255`) in den DC selektiert und steht fortan zur Einfärbung des Texthintergrundes zur Verfügung. Mit `SetBkMode(OPAQUE)` erreichen Sie, daß der Hintergrund bei Textausgaben durchscheint; das Argument **TRANSPARENT** stattdessen würde dann den Hintergrund löschen. Für die Vordergrund-Textfarbe gibt es die Methode `SetTextColor`, die nach einem Farbwert verlangt, der hier ebenfalls RGB[45]-codiert ist:

```
static int  color  = 0;

//Textfarbe einstellen
  dc.SetBkMode(OPAQUE);
  dc.SetBkColor(inverted?RGB(0,0,0):RGB(255,255,255));
  switch (color)
  {
     case 0 : dc.SetTextColor(RGB(  0,  0,  0)); break;
     case 1 : dc.SetTextColor(RGB(255, 10, 20)); break;
     case 2 : dc.SetTextColor(RGB(220,100,  0)); break;
     case 3 : dc.SetTextColor(RGB(255,255,  0)); break;
     case 4 : dc.SetTextColor(RGB( 30,255, 30)); break;
     case 5 : dc.SetTextColor(RGB( 20, 10,255)); break;
     case 6 : dc.SetTextColor(RGB(230, 10,220)); break;
     case 7 : dc.SetTextColor(RGB(255,255,255)); break;
  }
```

## 2.4.3.4 Textausgabe

So einfach die Textausgabe unter DOS ist, so komplex gestaltet sie sich unter Windows. Dabei ist vor allen Dingen die unübersichtliche Parametervielfalt verwirrend. Doch da sich damit auch die Möglichkeiten der Textmanipulation stark erweitern, ist ein „close look" auf die beteiligten Funktionen sinnvoll.

Im folgenden ist zuerst das Programmstück von `OnPaint` aufgelistet, das die gesamte Textdarstellung und die dafür notwendigen Berechnungen vornimmt. Danach wird die Vorgehensweise in einzelnen Schritten erklärt.

---

[45]RGB steht für „Red, Green, Blue" und bezeichnet durch Helligkeitswerte von 0 (ganz dunkel) bis 255 (ganz hell) eine Mixtur der drei Monitor-Grundfarben Rot, Grün und Blau. Diese ergeben dann additiv die codierte Farbe. Es lassen sich somit $256^3$ = 16777216 Farben darstellen (die berühmten 16,7-Millionen-True-Color-Werte). Faktisch erscheint eine solch immense Farbvielfalt jedoch nicht auf dem Windows-Desktop, da sonst viel zu viel Bildschirmspeicher für nicht verwendete Farbwerte verbraten werden würde. In den Desktop-Einstellungen Ihrer Grafikkarte werden Sie daher Wahrscheinlichkeit nach 256 verschiedene Farben darstellen können. Davon bleiben Ihnen aber auch nur einige Grundfarben; wenn Ihre RGB-Codierungen nicht diesen Farben entsprechen, werden sie durch einen Windows-internen Color-Mapper in die ähnlichste Grundfarbe übersetzt.

```cpp
// Beispiel für Textausgabe unter Windows

// Konstanten

const int MAXLINES   = 200;
const int MAXLINELEN = 80;

// Globale Variablen

static char TextMem[MAXLINES][MAXLINELEN+1];
static int  lines                = 0; // lines wird in der
static int  firstline            = 0; // Laderoutine auf den
static int  firstcolumn = 0; // richtigen Wert gesetzt.
static int  lines_per_page       = 10;

void CMainWindow::OnPaint()
{
  ...
  CPaintDC   dc(this);
  CRect      winrect,drawrect;
  TEXTMETRIC tm;

  //Text ausgeben
  dc.SetTextAlign(TA_TOP | TA_LEFT);
  dc.GetTextMetrics(&tm);
  GetClientRect(winrect);
  drawrect = winrect;
  lines_per_page =
    winrect.bottom/(tm.tmHeight+tm.tmExternalLeading);
  for (int i=0; ; ++i)
  {
    drawrect.bottom =
      drawrect.top+tm.tmHeight+tm.tmExternalLeading;
    if (firstline+i<lines)
    {
      dc.ExtTextOut(drawrect.left+1,drawrect.top,
                    ETO_CLIPPED|ETO_OPAQUE,
                    drawrect,
                    TextMem[firstline+i]+firstcolumn,
                    strlen(TextMem[firstline+i]+firstcolumn),
                    NULL);
    }
    else
    {
      dc.ExtTextOut(drawrect.left+1,drawrect.top,
                    ETO_CLIPPED|ETO_OPAQUE,
                    drawrect,
                    "", 0, NULL);
    }
    drawrect.top += tm.tmHeight + tm.tmExternalLeading;
    if (drawrect.top>=winrect.bottom) break;
  }
  dc.SelectObject(oldfont);
} // Ende von OnPaint
```

Jede Textausgabe in ein Windows-Fenster bedarf einiger grundlegender Einstellungen, die Sie hier aufgelistet finden:

1) Der gewünschte Font muß mittels `SelectStockObject` oder `CreateFont/Select-Object` in den DC selektiert werden,
2) die gewünschte Vorder- und Hintergrundfarbe muß mittels `SetBkMode/SetBkColor` und `SetTextColor` in den DC selektiert werden,
3) die gewünschte Textausrichtung („Bündigkeit") wird mit `SetTextAlign` festgelegt,
4) die Größe des Fonts muß bekannt sein (wird in einer `TEXTMETRIC`-Instanz gespeichert),
5) die aktuelle Client-Window-Größe muß bekannt sein (wird in einer `CRect`-Instanz gespeichert),
6) der gerade im Client-Bereich sichtbare Teil des darzustellenden Gesamttextes muß berechnet werden (aus den `TEXTMETRIC`- und `CRect`-Strukturen), und dann kann endlich
7) der gewünschte Text mit den DC-Methoden `TextOut`, `ExtTextOut`, `DrawText` oder `TabbedTextOut` ausgegeben werden (siehe auch Online-Help)!

**Zu 1) und 2):**
Diese Arbeiten wurden bereits oben beschrieben und erledigt (unter „Schriftattribute" und „Farben einstellen").

**Zu 3):**
In `OnPaint` wird `SetTextAlign` mit den verODERten Argumenten `TA_TOP` und `TA_LEFT` aufgerufen. Diese sorgen für eine links-oben im Ausgabebereich orientierte Schrift. Die Argumente können VerODERungen von `TA_CENTER`, `TA_LEFT`, `TA_RIGHT` (für die horizontale Orientierung) und `TA_TOP`, `TA_BOTTOM`, `TA_BASELINE` (für die vertikale Orientierung) sein.

**Zu 4):**
Sie brauchen für eine sinnvolle Textausgabe die Abmaße Ihres Fonts. Nun könnten Sie die bei `CreateFont` angegebenen Werte verwenden, doch wenn Sie durch Weglassen des Fontnamens dem Windows-Font-Mapper die Gelegenheit zur Fontauswahl gegeben haben,

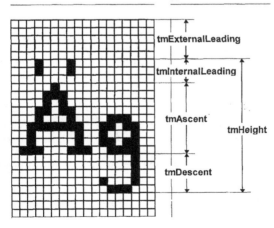

könnten diese Werte nicht mit dem tatsächlich verwendeten Font übereinstimmen. Daher gibt es die Methode `GetTextMetrics`, die alle benötigten Attribute (und noch viel mehr, siehe Online-Help) in einer `TEXTMETRIC`-Struktur speichert. Die wichtigsten sind in nebenstehender Zeichnung angegeben. Sie sollten jeder Textzeile `tmHeight` + `tmExternalLeading` an Platz zugestehen, damit keine Oberlängen mit Unterlängen der vorhergehenden Zeile verschmel-

**Abbildung 1: Inhalt der `TEXTMETRIC`-Struktur**

47

zen. Wie aus der Zeichnung ersichtlich, ist `tmHeight` die Summe aus `tmInternalLeading`, `tmAscent` und `tmDescent`.

**Zu 5):**

Genauso wichtig wie die Fontgröße sind die Abmessungen des Client-Bereichs, in den ja der Text ausgegeben werden soll. Das Verfahren dazu kennen Sie schon; mit `GetClientRect` bekommen Sie mit der `CRect`-Klasse eine gefüllte `RECT`-Struktur zurück, aus der Sie sofort die relevanten Daten der Größe des Client-Bereichs extrahieren können. Hier sind die Member `top`, `left` (für die linke obere Ecke) und `bottom`, `right` (für die rechte untere Ecke) wichtig.

**Zu 6):**

Bei jedem erneuten Aufruf von `OnPaint` wird `lines_per_page` neu berechnet: als Quotient aus Y-Ausdehnung des Client-Bereichs und der Zeilenhöhe laut der Eintragung in die `TEXTMETRIC`-Instanz `tm`. Die folgende `for`-Schleife sorgt dann dafür, daß ab der ersten sichtbaren Zeile und Spalte (`firstline` und `firstcolumn`, die in dieser Schleife aktualisiert werden) der Text ausgegeben werden kann. Dabei werden nur `lines_per_page` Schleifendurchläufe benötigt, und eine `if`-Abfrage sorgt für die korrekte Behandlung der letzten darstellbaren Textzeile.

**Zu 7):**

Die hier verwendete Methode `ExtTextOut` ist eine besonders flexible Art der Textausgabe. Sie benötigt vor allen Dingen ein `drawrect` genanntes Rechteck samt dessen oberen linken Ecke, in das sie den Text ausgeben soll. Damit der Text zeilenweise erscheint, wird nach jeder Ausgabe einer Textzeile die Oberkante des `drawrect` auf die Unterkante des vorhergehenden eingestellt. Die `drawrect`-Höhe errechnet sich wie unter Punkt 4) beschrieben. Die Bitflags `ETO_OPAQUE`[46] und `ETO_CLIPPED` veranlassen `ExtTextOut` dazu, den Texthintergrund in der gemäß `SetBkColor` bestimmten Farbe zu zeichnen (`ETO_OPAQUE`) bzw. die Ausgabe auf das `drawrect` zu beschränken (`ETO_CLIPPED`).

### 2.4.3.5 Scrollbars

Scrollbars können vielfältig eingesetzt werden. Immer dann, wenn schneller Zugriff auf einen bestimmten kleinen Teil einer großen Menge erfolgen soll, kommen sie ins Spiel. Am bekanntesten sind sie an Fenstern, wo sie einfaches Hin- und Herblättern in einem nicht als ganzes darstellbaren Text erlauben. Sie werden neudeutsch auch **Bildlaufleisten** oder **Rollbalken** genannt, doch da sie manchmal nicht nur Bildinhalte scrollen, ist ebenfalls die Bezeichnung **Schieberegler** geläufig.

Insgesamt gibt es drei Möglichkeiten, Scrollbars darzustellen. Zwei werden mit Hilfe von speziell dafür geschaffenen MFC-Klassen realisiert, die beide „Scroll" in ihrem Namen führen: `CScrollView` und `CScrollBar`. Mit beiden kann man Scrollbars erzeugen, doch haben sie einige Unterschiede: `CScrollView` ist aus `CView` abgeleitet (das seinerseits von `CWnd` abstammt), und `CScrollBar` ist direkt von `CWnd` abgeleitet. Mit `CScrollBar` werden üblicherweise Scrollbars in Dialogen dargestellt, weil die zusätzlichen Möglichkeiten aus `CView` hier nicht gebraucht werden. Als dritte Möglichkeit gibt es dazu noch direkt in `CWnd` Scrollbar-Behandlung: speziell für den Fall der Fenster-Bildlaufleisten nämlich. Da dieser Fall hier dargestellt werden soll, wird das `CWnd`-eigene Scrollbarhandling erklärt. Sie sind hierbei zwar auf nur zwei Reglerleisten beschränkt (die horizontale und die vertikale), doch mehr ist

---

[46]Der Präfix „**ETO_**" deutet hier an, daß das Bitflag für die Methode `ExtTextOut` gültig ist. Diese Art der Kennzeichnung von Bitflags zieht sich durch die ganze MFC.

erst einmal nicht notwendig. Faktisch verwendet **CWnd** für diese Zwecke **CScrollBar**-Methoden.

Als Bildlaufleiste vertikal und horizontal werden Scrollbars mit Hilfe von **CWnd**-Methoden nun folgendermaßen implementiert:

```
CMainWindow::CMainWindow()
{
    LoadAccelTable(MAKEINTRESOURCE(IDR_MAINACCELTABLE));
    Create(NULL,
           "ViewText",
           WS_OVERLAPPEDWINDOW |
           WS_VSCROLL | WS_HSCROLL,
           rectDefault,
           NULL,
           MAKEINTRESOURCE(IDR_MAINMENU));
    ShowScrollBar(SB_BOTH,FALSE);
}
```

Mit **ShowScrollBar(SB_BOTH,FALSE);** werden die Scrollbars zunächst abgeschaltet, da es noch keinen Text zum Scrollen gibt. Erst nachdem ein Text eingeladen wurde, haben diese Scrollbars auch eine Daseinsberechtigung. Folgerichtig werden erst in der Laderoutine (namens **OnOeffnen**) die Scrollbars angezeigt - und noch ein wenig mehr:

```
static int   lines       = 0;
static int   firstline    = 0;
static int   firstcolumn  = 0;

void CMainWindow::OnOeffnen()
{
    ...
    ShowScrollBar(SB_BOTH,TRUE);
    SetScrollRange(SB_HORZ,0,79      ,FALSE);
    SetScrollRange(SB_VERT,0,lines-1,FALSE);
    firstline    = 0;
    firstcolumn  = 0;
    ...
    UpdateDisplay();
}
```

Zuerst werden durch **ShowScrollBar** (diesmal mit **TRUE** als zweitem Argument) die beiden Scrollbars angezeigt. Nun muß per **SetScrollRange** der Regelbereich der Scrollbar angegeben werden. Das erste Argument referenziert die horizontale oder vertikale Leiste. Die beiden folgenden (**nMinPos** und **nMaxPos** in der Methodendeklaration) sind die wichtigsten: sie veranlassen die Teilung der ganzen Scrollbarlänge in nMaxPos - nMinPos Teilstriche. So fein wie hier angegeben reagiert dann der Schieber. Die Reinitialisierung von **firstline** und **firstcolumn** stellt sicher, daß die Anzeige jedes eingeladenen Files in dessen linken oberen Ecke beginnt. Der Aufruf von **UpdateDisplay** veranlaßt nun in altbekannter Manier den Aufruf von **OnPaint**, wo dann der Text wie oben erklärt ausgegeben werden kann.

Doch halt - was passiert mit den Schiebern in unseren Scrollbars? Wie so häufig überläßt MFC auch hier dem Programmierer einige „Schmutzarbeit", in diesem Fall die Aktualisierung der Position der Schieber. Sinnvollerweise sollte diese Arbeit kurz vor der Aktualisierung des Fensterinhaltes erfolgen; hier kommt nun die Methode **UpdateDisplay** ins Spiel, die Sie schon von einigen vorhergehenden Methoden her kennen. Die **CWnd**-Methode **SetScrollPos** „verstellt" zuerst den horizontalen, dann den vertikalen Schieber je auf die Position, die der ersten Zeile bzw. Spalte des Textes entspricht (grau unterlegt):

```
void CMainWindow::UpdateDisplay()
{
    if (firstline>lines-1)  firstline=lines-1;
    if (firstline<0)        firstline=0;
    if (firstcolumn>79)     firstcolumn=79;
    if (firstcolumn<0)      firstcolumn=0;
    SetScrollPos(SB_HORZ,firstcolumn,TRUE);
    SetScrollPos(SB_VERT,firstline,   TRUE);
    InvalidateRect(NULL,FALSE);
    UpdateWindow();
}
```

Die ersten vier Zeilen sind Sicherheitsabfragen, die **firstline** und **firstcolumn** auf ihren jeweiligen Gültigkeitsbereich beschränken. Der Aufruf von **UpdateWindow** bringt die **WM_PAINT**-Nachrichtenmaschinerie in Gang, die im Aufruf von **OnPaint** endet - sofern die (Windows-verwaltete) Update-Region nicht leer ist. Dafür aber sorgt der **InvalidateRect**-Aufruf, der den gesamten (**NULL**) Fensterinhalt als ungültig (**FALSE**) erklärt und damit **OnPaint** zum Zuge kommen läßt.

Bisher können wir
- die Scrollbar erzeugen und sichtbar machen (per **Create** und **ShowScrollBar**),
- den Regelbereich festlegen (per **SetScrollRange**) und
- die Reglerposition verändern (per **SetScrollPos**).

Jetzt fehlen noch
- die Einträge in die Message-Map,
- die Aktualisierung unserer zugehörigen Variablen und der Aufruf aller betroffenen Methoden gemäß der Anwenderaktionen, getrennt nach horizontaler und vertikaler Scrollbar.

Die Message-Map wird um folgende zwei Einträge erweitert:

```
BEGIN_MESSAGE_MAP(CMainWindow,CFrameWnd)
    ...
    ON_WM_HSCROLL()
    ON_WM_VSCROLL()
    ...
END_MESSAGE_MAP()
```

Die damit zugeordneten Methoden haben die Namen **OnHScroll** und **OnVScroll**. Darin nun werden die globalen statischen Variablen **firstline**, **firstcolumn** angepaßt, und die selbst programmierten Methoden **OnZeileZurueck**, **OnZeileVor**, **OnSeiteZurueck** und **OnSeiteVor**[47] werden aufgerufen:

---

[47]Siehe Quelltext im Anhang; im wesentlichen werden in ihnen auch nur globale statische Variablen angepaßt.

```
void CMainWindow::OnHScroll(UINT nSBCode, UINT nPos,
                            CScrollBar *pScrollBar)
{
    switch (nSBCode)
    {
        case SB_LINEUP          : --firstcolumn;        break;
        case SB_LINEDOWN        : ++firstcolumn;        break;
        case SB_PAGEUP          :   firstcolumn -= 10; break;
        case SB_PAGEDOWN        :   firstcolumn += 10; break;
        case SB_THUMBPOSITION   :
        case SB_THUMBTRACK      :   firstcolumn = nPos;break;
    }
    UpdateDisplay();
}


void CMainWindow::OnVScroll(UINT nSBCode, UINT nPos,
                            CScrollBar *pScrollBar)
{
    switch (nSBCode)
    {
        case SB_LINEUP          : OnZeileZurueck(); break;
        case SB_LINEDOWN        : OnZeileVor();     break;
        case SB_PAGEUP          : OnSeiteZurueck(); break;
        case SB_PAGEDOWN        : OnSeiteVor();     break;
        case SB_THUMBPOSITION   :
        case SB_THUMBTRACK      : firstline = nPos; break;
    }
    UpdateDisplay();
}
```

In dem **UINT nSBCode** werden alle unterschiedlichen Aktionen erfaßt, die der Anwender mit der Scrollbar veranstalten kann: die Pfeile anklicken (**SB_LINEUP**, **SB_LINEDOWN**), in der Scrollbar oberhalb bzw. unterhalb des Schiebers klicken (**SB_PAGEUP**, **SB_PAGEDOWN**) oder den Schieber selbst bewegen (**SB_THUMB**...). Je nach Scrollbar - horizontal oder vertikal - werden nun die entsprechenden Variablen verändert oder die zugehörigen Methoden aufgerufen. In dem **UINT nPos** ist (im Falle von **SB_THUMB**...-Codes) die Schieberposition gespeichert. Er ist abhängig von der vorherigen Einstellung per **SetScrollRange**. Ein abschließender **UpdateDisplay**-Aufruf führt dann über **OnPaint** zur gewünschten Anzeige.

## 2.4.4 Einfache Dialogboxen

Um Ihre Applikation mit einfachen Dialogboxen zu versehen, ist nicht immer der Griff zu AppStudio notwendig, wie es im folgenden Kapitel gezeigt wird. **CWnd** hält zu diesem Zweck die Methode **MessageBox** bereit. Ein Blick auf die Parameterlisten verrät, daß „einfach" ein relativer Begriff ist. Vor allen Dingen ist eine Standardausstattung an Buttons simpel durch Angabe der entsprechenden Flags möglich, ebenso wie bedeutungsanzeigende Icons (Ausrufezeichen u.ä.). Daneben können Sie noch die Modalität und den gewünschten Default-Button festlegen (Online-Help). Die folgenden zwei Tabellen zeigen die häufig gebrauchten **MessageBox**-Typwerte und die Bezeichner für Icon-Ausstattung. Die **nType**-Werte können in altbekannter Manier verODERt werden.

| nType-Wert (Typ) | Bedeutung | MessageBox-Rückgabewert |
|---|---|---|
| MB_ABORTRETRYIGNORE | Die Box enthält die drei Buttons *Abort, Retry, Ignore.* | IDABORT, IDRETRY oder IDIGNORE |
| MB_OK | Die Box enthält nur den *OK-*Button. | IDOK |
| MB_OKCANCEL | Die Box enthält die beiden Buttons *Ok* und *Cancel.* | IDOK oder IDCANCEL (wahlweise Esc-Taste) |
| MB_RETRYCANCEL | Die Box enthält die beiden Buttons *Retry* und *Cancel.* | IDRETRY oder IDCANCEL (oder Esc-Taste) |
| MB_YESNO | Die Box enthält die beiden Buttons *Yes* und *No.* | IDYES oder IDNO |
| MB_YESNOCANCEL | Die Box enthält die drei Buttons *Yes, No* und *Cancel.* | IDYES, IDNO oder IDCANCEL (oder Esc-Taste) |

**Tabelle 4 (oben): Arten einfacher Message-Boxen**

| nType-Wert (Icons) | Bedeutung |
|---|---|
| MB_ICONEXCLAMATION | Zeigt das Ausrufezeichen-Icon. |
| MB_ICONINFORMATION, MB_ICONASTERISK | Zeigt das i-(Info-) Icon. |
| MB_ICONQUESTION | Zeigt das ?-Icon. |
| MB_ICONSTOP, MB_ICONHAND | Zeigt das Stop-Icon. |

Die Einstellungen für die Modalität und die Default-Buttons können Sie mit den entsprechenden Bezeichnern (laut Online-Help) in gleicher Weise wie die hier angegebenen Typ- und Icon-Bezeichner miteinander verODERn.

**Tabelle 5: Icon-Typen einfacher Message-Boxen**

### 2.4.4.1 Die Programm-Dialoge *Über ViewText, Info* und *Schließen*

Die einfachen Dialoge *Über ViewText, Schließen* und *Info* benutzen die **MessageBox**-Methode zur Darstellung. Das erste Argument ist ein String, der in der Message-Box-Ausgabefläche angezeigt wird. Das zweite Argument ist der Überschrift-String. Das letzte Argument (**nType**) zeigt VerODERungen der obengenannten Bezeichner.

```
void CMainWindow::OnUeber()
{
  MessageBox("ViewText\r\n(C) 1995\r\nJens Bartschat",
             "Über ViewText",
             MB_OK | MB_ICONEXCLAMATION);
}
```

Innerhalb der Strings können Sie mit \r\n Zeilenvorschübe ausgeben.

```
void CMainWindow::OnInfo()
{
  MessageBox("Drücken Sie\r\n
              - die rechte Maustaste für FontHeight\r\n
              - die mittlere Maustaste zum Invertieren\r\n
              - die linke Maustaste für FontColor",
              "Info über ViewText",
              MB_OK | MB_ICONINFORMATION);
}
```

Die Schließroutine OnClose ist eine Spur anspruchsvoller:

```
void CMainWindow::OnClose()
{
  if (MessageBox("          Programm beenden ?",
                 "ViewText",
                 MB_YESNO)
      ==IDYES) DestroyWindow();
}
```

Die Methode OnClose aus CWnd wird hier überlagert, um einen kontrollierten Programmabbruch zu ermöglichen. Hier könnten Sie z.B. abfragen, ob noch eine Datei gespeichert werden soll. Der Aufrufmechanismus von OnClose geht wiederum über die Message-Map. Er soll durch folgende Aktionen aktiviert werden können:

1) durch Anklicken des System-Menüs (Close-Button ganz links oben im Fenster),
2) durch Anwahl des Menüpunktes *Schließen* des System-Menüs oder
3) durch dessen Accelerator Alt-F4,
4) durch Anwahl des eigenerstellten Menüpunktes *Datei/Beenden*.

Sie erreichen dies durch folgende Message-Map-Einträge:

```
BEGIN_MESSAGE_MAP(CMainWindow,CFrameWnd)
  . . .
  ON_WM_CLOSE()                        // Punkt 1), 2), 3)
  ON_COMMAND(IDM_BEENDEN, OnClose)     // Punkt 4)
  . . .
END_MESSAGE_MAP()
```

Die Methode DestroyWindow dann zerstört die Menüs und das Fenster an sich (den genauen Ablauf entnehmen Sie bitte der Online-Help; hier reicht es völlig, DestroyWindow nur aufzurufen).

## 2.4.4.2 Standard-Dialoge

Es gibt einige Dialogaufgaben, die sich immer wieder stellen. Um nicht jedes Mal das Rad neu erfinden zu müssen, sind in das SDK einige Standarddialoge zur einheitlichen Behandlung dieser wiederkehrenden Probleme integriert. Auf sie kann man auch unter C++ und MFC bequem zurückgreifen. Den Zugriff auf die Funktionen und Strukturen erhalten Sie durch Einbinden von `COMMDLG.H`[48]. Zusätzlich benötigen Sie noch die `COMMDLG.DLL`[49] auf Ihrer Festplatte, die als Bestandteil von Windows mitgeliefert wird. Es gibt folgende Standard-Dialoge:

| SDK-API[50]-Funktion | Bedeutung | Zugehörige Datenstruktur |
|---|---|---|
| ChooseColor | Erzeugt eine Dialog-Box zur Farbauswahl | CHOOSECOLOR |
| ChooseFont | Erzeugt eine Dialog-Box zur Schriftauswahl | CHOOSEFONT |
| FindText | Erzeugt eine Dialog-Box zum Auffinden von Text in einem Dokument | FINDREPLACE |
| GetFileTitle | Funktion, die einen Dateinamen zurückgibt | – |
| GetOpenFileName | Erzeugt eine Dialog-Box zum Öffnen einer Datei | OPENFILENAME |
| GetSaveFileName | Erzeugt eine Dialog-Box zum Abspeichern einer Datei | OPENFILENAME |
| PrintDlg | Erzeugt eine Dialog-Box, mit der Bildschirminhalte gedruckt werden können | PRINTDLG |
| ReplaceText | Erzeugt eine Dialog-Box zum Ersetzen von Text in einem Dokument | FINDREPLACE |

**Tabelle 6: Arten von Common-Dialog-Boxen**

Generell funktioniert die Standard-Dialog-Programmierung wie folgt: Sie wählen den anzuzeigenden Dialog und füllen die zugehörige Datenstruktur mit den notwendigen Initialisierungen[51]. Dann rufen Sie die API-Funktion auf, und Ihr Dialog wird angezeigt. Vorher sollten Sie sicherstellen, daß MSVC auch die `COMMDLG.LIB` zum Linken finden kann[52], und Ihr Heap genügend groß ist (mindestens 8KB[53] laut SDK-Dokumentation). Um im Falle eines Fehlers dessen genaue Ursache zu determinieren, benutzen Sie die Funktion `CommDlgExtendedError`. Sie können alle Standard-Dialoge auch nach eigenen Wünschen verändern, was aber arbeitsintensiv und in den allermeisten Fällen nicht empfehlenswert ist.

### 2.4.4.3 Der *Datei öffnen*-Dialog

Der über den Menüpunkt *Datei/Öffnen* aktivierte Standard-Dialog benutzt die `OPENFILENAME`-Struktur und die API-Funktion `GetOpenFileName`. Wie der Name schon nahelegt, wird hier **alleinig der Dateiname** bestimmt, das Lesen der eigentlichen Filedaten dagegen muß von Hand programmiert werden. Hier eine Zusammenfassung des Vorgehens:

- Einbinden von `COMMDLG.H`
- Erzeugen von Instanzen von `OPENFILENAME`, `char *` und `FILE *`
- Initialisieren der `OPENFILENAME`-Instanz
- Anzeigen der Dialogbox mittels `GetOpenFileName`, Anwender wählt Dateinamen aus.
- Abfragen von Fehlerzuständen mittels `CommDlgExtendedError`

---

[48]Sie erreichen dies mit: `#include <COMMDLG.H>` und *Options/Project.../Linker/Windows Libraries/COMMDLG* von der Visual Workbench aus.
[49]Diese (und andere) Dynamische Link-Bibliothek(en) finden Sie in Ihrem *Windows/System*-Verzeichnis.
[50]Application Programming Interface, Schnittstelle zur Applikationsprogrammierung.
[51]Siehe Online-Help: *Windows 3.1 SDK/Common dialog box functions* und der gewünschten API-Funktion.
[52]Durch *Options/Project/Linker/Windows Libraries/COMMDLG.LIB*.
[53]Durch folgenden Eintrag in Ihr `.DEF`-File: `HEAPSIZE 8192`

- Öffnen des ausgewählten Files, z.B. mittels **fopen** (der Dateiname der Datei steht im **OPENFILENAME**-Member **lpstrFile!**)
- Einlesen der Filedaten (muß selbst programmiert und Ihren internen Datenstrukturen angepaßt sein)
- Schließen des ausgewählten Files
- Abschließende Initialisierungen (z.B. hier: Aktivierung bestimmter Menüpunkte, Berechnung der Scrollbar-Regelbereiche, Änderung der Windows-Titelleiste)

```
#include <commdlg.h>

void CMainWindow::OnOeffnen()
{
  OPENFILENAME ofn;
  char szFile[256];
  FILE *f1;

  szFile[0]='\0';
  memset(&ofn, 0, sizeof(OPENFILENAME));
  ofn.lStructSize   = sizeof(OPENFILENAME);
  ofn.hwndOwner     = m_hWnd;
  ofn.lpstrFilter   = "C++-Datei (*.CPP)\0*.cpp\0"
                      "C-Datei (*.c)\0*.c\0"
                      "Header-Datei (*.h)\0*.h\0";
  ofn.nFilterIndex  = 1;
  ofn.lpstrDefExt   = "cpp";
  ofn.lpstrFile     = szFile;
  ofn.nMaxFile      = sizeof(szFile);
  ofn.lpstrTitle    = "Datei laden";
  ofn.Flags         = OFN_HIDEREADONLY;
  if (!GetOpenFileName(&ofn))
  {
    DWORD err = CommDlgExtendedError();
    if (err != 0)  //andernfalls CANCEL gedrückt
    {
      char buf[40];
      sprintf(buf,"ExtendedError = %lx",(long) err);
      MessageBox(buf,"Fehler in GetOpenFileName",
                 MB_OK | MB_ICONSTOP);
    }
    return;
  }
  if ((f1=fopen(ofn.lpstrFile,"r"))==NULL)
  {
    MessageBox("Datei kann nicht geladen werden!",
               "ViewText",
               MB_OK|MB_ICONSTOP);
    return;
  }

  ...// Hier steht die eigentliche Laderoutine
  fclose(f1);
  ... // Hier werden Menüs, Scrollbars und die
      // Windows-Titelleiste angepaßt
}
```

Hier nun eine Auflistung der wichtigsten **OPENFILENAME**-Member, die im Listing initialisiert werden (die komplette Zusammenstellung entnehmen Sie der Windows 3.1 SDK-Online-Help):

| OPENFILENAME-Member | Bedeutung |
|---|---|
| lStructSize | Strukturgröße in Bytes. |
| hwndOwner | Dasjenige Fenster, das der Dialogbesitzer ist; meist **NULL** (kein Besitzer) oder **m_hWnd**. |
| lpstrFilter | Zeigt auf einen Puffer von Paaren nullterminierter Strings des Formats \<Filterbeschreibung\0\> \<Extension\0\>, die die Auswahl bestimmter Fileextensionen erlauben. Das letzte Paar endet mit Doppelnullbyte. Mehrfachextensionen trennen Sie per Semikolon: `*.txt;*.doc\0`. |
| nFilterIndex | **DWORD**, welches den aktiven Filtersatz gemäß **lpstrFilter** auswählt. Das erste Element hat die Nummer 1. |
| lpstrFile | Stringzeiger auf den voreingestellten und (nach der Auswahl durch den Anwender) ausgewählten Dateinamen-Puffer (`char *`-Instanz **szFile**). |
| nMaxFile | Länge von `*lpstrFile`; überschreitet keinesfalls 128 Bytes. |
| lpstrTitle | Dialog-Titeltext-Stringzeiger. |
| Flags | Enthält verODERte Initialisierungsflags für die Dialogbox. **OFN_HIDEREADONLY** z.B. versteckt den Read-Only-Checkbutton. |
| lpstrDefExt | Stringzeiger auf die Default-Extension, wenn der Anwender keine eigene angegeben hat. |

**Tabelle 7: Datenmember von OPENFILENAME**

Der grau unterlegte Member **lpstrFile** zeigt auf das eigentliche Ergebnis der ganzen Dialogbox-Bemühungen: den String des ausgewählten Dateinamens; hier heißt er **szFile**. Dieser wird später mittels **fopen** und **fclose** noch zum Öffnen und Schließen des Files benötigt. Zum Aufruf von **GetOpenFileName** muß **szFile** ein Nullbyte an erster Position stehen haben (**szFile[0]='\0';**).

Die Funktion **memset** löscht unsere **OPENFILENAME**-Instanz **ofn** mit Nullbytes, damit nicht alle Member initialisiert werden müssen. Diese Initialisierung muß unbedingt abgeschlossen sein vor Aufruf von **GetOpenFileName**. Die anschließend dargestellte Fehlerbehandlung stellt sicher, daß der Dateiname in **lpstrFile** auch zum Öffnen mittels **fopen** benutzt werden kann.

Die Programmzeilen zum Laden der Datei und alle abschließenden Einstellungen finden Sie im Anhang in **VTEXT.CPP**. Sie sollen hier nicht näher erläutert werden.

## 2.5  Dialogboxprogrammierung

Mit Kenntnis dieses Kapitels erreichen Sie die höheren Sphären der Windows-Oberflächenprogrammierung. Dialogboxen sind die komplexesten Elemente der Computer-Anwender-Interaktion, da in ihnen die Funktionalität vieler Einzelsteuerungen zusammengefaßt ist. Sobald Sie einmal selbst Dialogboxen entwerfen und programmieren, sollten Sie sich vorher genau überlegen, was für Steuerungen Sie in einen Dialog packen, und ob Sie nicht vielleicht mehr als einen Dialog brauchen. Zur schnellen und sicheren Bedienung einer Applikation gehört nämlich nicht nur, **daß** etwas gemacht werden kann, sondern sehr maßgeblich auch das **Wie**. Das Design der Dialoge spielt bei der Bedienbarkeit eine Schlüsselrolle. Ehe Sie sich also in das Handwerk des Dialogentwurfes stürzen, überlegen Sie genau, welche Steuerungen Sie benötigen und wie Sie sie plazieren. Entwerfen Sie nicht sofort mit AppStudio; der Reiz dazu ist zwar sehr groß, aber letzten Endes zeitsparender kommen Sie mit Bleistiftskizzen auf Papier zurecht.

### 2.5.1  Grundlagen

Dieses Kapitel vermittelt Ihnen „nur" das Handwerk: wie Sie Dialoge mit Hilfe von AppStudio entwerfen und warten, und wie Sie Methoden schreiben, die diesen Dialogen das digitale Leben einhauchen. Ein Dialog (oder eine Dialogbox) besteht dabei aus dem Dialogfenster und den darauf angebrachten Steuerelementen, die die Funktionalität des Dialogs bestimmen.

Unterscheiden Sie gleich zwischen a) dem übergeordneten Dialog, repräsentiert durch die ganze Dialogbox, und b) den einzelnen Steuerelementen. In MFC gibt es für beide Kategorien eigene Klassen: für den Gesamtdialog ist es `CDialog`, und für die einzelnen Steuerelemente je nach Steuerung die Klassen `CStatic`, `CButton`, `CListBox`, `CComboBox`, `CEdit` und `CScrollBar`. Das ganze Kapitel beschäftigt sich eingehend mit all diesen Klassen und deren Methoden, so daß sie Ihnen noch häufig begegnen werden. Mit diesen Klassen können Sie alles anstellen, was MFC Ihnen an Standard-Dialogboxprogrammierung bietet.

Jede dieser Klassen ist aus `CWnd` abgeleitet, so daß sie auch dessen Eigenschaften besitzen. Insbesondere ist es hilfreich, sich die einzelnen Steuerelemente der Dialogbox als eigene Mini-Fenster vorzustellen, denn wie „ausgewachsene" Fenster verfügt jede Art Steuerelemente über proprietäre Nachrichten. Indem Sie nun eine schon altbekannte Message-Map kreieren und damit die durch Steuerelement-Betätigungen ausgelösten Windows-Nachrichten auf eigene Fensterfunktionen umleiten, können Sie die Steuerelemente zum Funktionieren bringen.

### 2.5.2  Arten von Dialogboxen

Dialoge können auf drei Arten erzeugt werden:

- modal
- system-modal
- nicht-modal

Modale Dialoge müssen unbedingt zuerst vom Anwender abgearbeitet werden, ehe er mit anderen Aktionen in anderen Fenstern fortfahren kann. Sie sperren also den Zugriff auf andere Programmteile als den Dialog selber. System-modale Dialoge gehen sogar so weit, daß sie alle anderen Aktivitäten als die Abarbeitung des Dialogs verhindern, also auch das vom Anwender sonst unbemerkte Betriebssystem-Scheduling und eventuelle Berechnungen von im Hintergrund laufenden Programmen. Nicht-modale Dialoge braucht der Anwender nicht sofort zu bearbeiten; er kann in anderen Fenstern Eingaben machen, während der nicht-modale Dialog noch geöffnet ist.

Am häufigsten wird der modale Dialog verwendet, weil er den Anwender zu geordneter Arbeit zwingt und den Programmiereraufwand in Grenzen hält. Auch in ViewTextDialog (**VTDlg**) werden ausschließlich modale Dialoge verwendet.

## 2.5.3  Was macht ViewTextDialog?

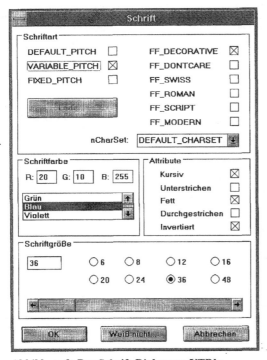

**Abbildung 2: Der Schrift-Dialog von VTDlg**

Das Beispiel **ViewText** des vorangegangenen Kapitels wird hier um einen Dialog erweitert. In den vier Gruppen *Schriftart*, *Schriftfarbe*, *Attribute* und *Schriftgröße* können Sie das Aussehen des dargestellten Textes variieren (Abbildung 2).

Größtenteils werden hier Möglichkeiten zur Veränderung der Parameter des **CFont**-Members **CreateFont** dargeboten, den Sie schon bei **ViewText** kennengelernt haben; die Gruppen *Schriftart*, *Schriftgröße* (komplett) und *Attribute* (bis auf die Checkbox *Invertiert*) beziehen sich dabei auf **CreateFont**-Parameter. Zu deren Bedeutung sehen Sie im vorherigen Kapitel oder in der Online-Help nach.

Die Farbeinstellung in der Gruppe *Schriftfarbe* gibt Ihnen hier genau dieselben Möglichkeiten wie per Popup-Menü auf der linken Maustaste, nur daß Sie hier aus den Elementen einer Listbox auswählen können und zusätzlich noch die zugehörigen RGB-Werte der Farbe angezeigt werden.

Mit den unteren Pushbuttons können Sie Ihre Einstellungen dann auch im Text sichtbar machen (*OK*) oder abbrechen. Sie können natürlich auch wagen, den *Weiß nicht...*-Button zu drücken...

In der Gruppe *Schriftart* sehen Sie zwei Reihen von Checkboxen. Aus jeder dieser Reihen können Sie nur je ein Kreuz in eine Checkbox setzen. Wie Sie das programmieren, folgt später. Die beiden zugehörigen Parameter (hier **VARIABLE_PITCH** und **FF_DECORATIVE**) werden dann verODERt und belegen dann den **CreateFont**-Parameter **nPitchAndFamily**. Mit der Combobox *nCharSet* können Sie einen Wert des (gleichnamigen) **CreateFont**-Parameters **nCharSet** belegen. Der deaktivierte *Lade*-Button dient nur einer späteren

58

Erweiterung, falls Sie z.B. gern den Common-Dialog zum Einladen eines neuen Fonts programmieren wollen.

In der Gruppe *Schriftgröße* haben Sie zwei Einstellungsmöglichkeiten: per Radiobutton aus acht vorgegebenen Größen (hier ist *36* angewählt) oder per Scrollbar. Eine Kontrollmöglichkeit haben Sie mit dem links angeordneten Editfield, das ebenfalls *36* anzeigt. Mit der Scrollbar können Sie alle Fontgrößen von 0 bis 255 einstellen; wenn Sie zufällig auf den Wert einer der acht Radiobuttons kommen, wird auch der entsprechende Punkt darin gesetzt. Die Stellung des Scrollbar-Schiebers, wie Sie ihn in der Abbildung sehen, spiegelt ebenfalls *36* wider.

## 2.5.4 Überblick über die weitere Vorgehensweise

Um einen Dialog in ein schon bestehendes Projekt einzugliedern, bedarf es einiger Schritte, die hier kurz aufgeführt seien:

1) Eine Dialogbox-Schablone wird (zweckmäßigerweise) mit AppStudio erstellt. Diese Schablone legt das Aussehen des Dialogs fest und kann interaktiv grafisch erzeugt werden.
2) Eine aus `CDialog` abgeleitete neue Dialogklasse kapselt alle für die Dialog-Darstellung und -Behandlung notwendigen Daten und Methoden. Von dieser Klasse wird der Dialog gesteuert.
3) Die neue Dialogklasse muß mit dem bereits bestehenden Projekt verbunden werden.
4) Die Funktionaliät des Dialogs muß nun codiert werden. Dazu werden die Fensterfunktionen der neuen Dialogklasse ausprogrammiert.

Punkt 1) wird in „2.5.5 Entwurf von Dialogboxen mit AppStudio" erläutert. Die neue Dialogklasse `CSchriftDlg` gemäß Punkt 2) wird in „2.5.6 Dialoge mit der Klasse CDialog" vorgestellt. Punkt 3) finden Sie in „2.5.7 Einbinden des Dialogs in ein Programm", wo Ihnen vor der konkreten Programmierung zuerst eine Übersicht über die zu ändernden Punkte präsentiert wird. Punkt 4) finden Sie - getrennt nach den einzelnen Steuerelementen - in „2.5.8 Buttons (Klasse CButton)", „2.5.9 Listen", „2.5.10 Textfelder" und „2.5.11 Scrollbars (Klasse CScrollBar)".

## 2.5.5 Entwurf von Dialogboxen mit AppStudio

Wollen Sie Ihr Programm mit einem Dialog ausstatten, starten Sie AppStudio und legen Sie eine Dialogbox-Resource an (mit *Resource/New.../Dialog* oder dem Dialog-Button der Steuerleiste). Zuerst erscheint nur ein fast leerer Dialog, der lediglich die Buttons *OK* und *Cancel* enthält. Diesen Dialog können Sie aber mit dem speziellen Dialogbox-Editor von AppStudio umfangreich editieren. Das, was Sie mit AppStudio machen können, ist lediglich die Dialogbox-Schablone, also nur das äußere Aussehen Ihres Dialogs. So kann er also noch überhaupt nicht sinnvoll reagieren; die Funktionalität müssen Sie im Anschluß selbst programmieren. Darauf gehe ich im nächsten Abschnitt ein.

### 2.5.5.1 Die verfügbaren Dialogbox-Elemente

AppStudio unterstützt folgende acht Steuerungen:

- Pushbuttons (Schaltflächen)
- Radiobuttons (Umschalter)
- Checkbox (Markierungskästen)
- Static (statische Texte)
- Editfield (Editierfelder)
- Listbox (Listenauswahlkästen)
- Combobox (Kombi-Auswahlkästen)
- Scrollbar (Schieberegler)

In nebenstehender Abbildung 3 finden Sie die Symbole für diese Steuerungen (und noch ein paar mehr). Der Mauspfeil ganz links oben gibt Ihnen die Möglichkeit, Elemente der Dialogbox zu selektieren. Danach folgen von links nach rechts und von oben nach unten: Statics (ein Symbol für Icons und eines für Text), Textfelder, Gruppenboxen und die drei Typen Buttons, also Pushbuttons, Checkboxen und Radiobuttons. Darauf sehen Sie Symbole für die beiden Listen, also Listboxen und Comboboxen und die beiden Scrollbars (horizontal und vertikal). Das letzte Symbol erlaubt Ihnen benutzerdefinierte Steuerelemente. Auf diese Möglichkeit soll hier aber nicht näher eingegangen werden.

**Abbildung 3:**
**AppStudios**
**Control Palette**

### 2.5.5.2 Tabulatorstops

Wie Sie sicher schon aus eigener Erfahrung im Umgang mit Dialogboxen wissen, können Sie mit der TAB-Taste die Steuerelemente eines Dialoges vor- oder zurückschalten. Sie geben damit den sog. Eingabefocus an das nächste Steuerelement weiter, so daß Sie daran Änderungen vornehmen können. Den Eingabefocus können Sie auch programmgesteuert vergeben. Die Reihenfolge der Eingabefocus-Wanderung durch die Dialogbox können Sie innerhalb von AppStudio mit *Layout/Set Tab Order* festlegen. Sie rufen diesen Befehl sinnvollerweise erst dann auf, wenn Ihr Dialog komplett fertig ist. Ihr Dialog in AppStudio bekommt dann an jedes Steuerelement eine Zahl; klicken Sie mit der Maus einfach in der Reihenfolge an, wie Sie die Tab-Ordnung wünschen. Wenn Sie nicht alle Zahlen anklicken, wird die Reihenfolge der nicht angeklickten Elemente nicht verändert.

### 2.5.5.3 Gruppen

Sie können mehrere Steuerelemente zu einer Gruppe zusammenfassen. Im *Schrift*-Dialog von ViewTextDialog gibt es die vier Gruppen *Schriftart*, *Schriftfarbe*, *Attribute* und *Schriftgröße*. Obwohl eine Gruppe kein aktives Steuerelement ist, bewirkt eine Gruppierung doch ein paar beachtenswerte Dinge. Wenn Sie mehrere Radiobuttons in einer Gruppe zusammenfassen, sorgt das Framework[54] dafür, daß immer nur ein einziger von ihnen angewählt sein kann (siehe Gruppe *Schrifthöhe*). Außerdem bewegt sich der Eingabefocus innerhalb einer Gruppe üblicherweise mit den Cursortasten und nicht der TAB-Taste. Diese Fakten sollten Sie im

---

[54]Framework: wörtlich Rahmenwerk. Hier ist die Verwaltungsarbeit gemeint, die MFC bezüglich der Dialogboxbehandlung automatisch erledigt. Deren Funktion braucht der Programmierer damit nicht mehr zu implementieren.

Hinterkopf haben, wenn Sie den Dialog entwerfen, da Sie gewisse Eigenschaften von Steuerelementen (die Einstellmöglichkeiten im AppStudio-*Dialog Item Properties*) darauf anpassen müssen.

Merken Sie sich als Regeln: immer nur die **erste Steuerung** einer Gruppe sollte das Group- und Tabstop-Attribut bekommen, ebenso wie die erste Steuerung **nach** dieser Gruppe. Nicht zu Gruppen zusammengefaßte Steuerungen sollten nur das Tabstop-Attribut bekommen. „Nach" heißt hierbei immer „im Sinne der Tab-Ordnung".

## 2.5.5.4 Die Editierung von Dialogboxen

Sie haben vielfältige Veränderungsmöglichkeiten innerhalb des Dialogbox-Editors von AppStudio. Hier werden sie nicht im Einzelnen beschrieben, denn im Laufe der Erstellung einer etwas komplexeren Dialogbox wie des Schrift-Dialoges erlernen Sie die Handhabung ohnehin am besten. Sie können

**Abbildung 4: Die zweite Statusleiste des AppStudio-Dialogeditors**

- neue Steuerelemente und Gruppen erstellen (mit *Window/Show Control Palette* oder F2), im Dialog frei plazieren und in der Größe skalieren,
- die Eigenschaften, Beschriftungen und ID-Namen von Steuerelementen oder des gesamten Dialoges verändern (unter *Resource/Properties...* und dem darauf erscheinenden Properties-Dialog wie unten in der Abbildung 5),
- Steuerelemente an Kanten anderer Elemente ausrichten (4 Buttons der 2. Gruppe in Abbildung 4), zentrieren (2 Buttons der 3. Gruppe), auf gleichen Abstand bringen (2 Buttons der 4. Gruppe) oder auf gleiche Größe bringen (3 Buttons der 5. Gruppe),
- ein Gitternetz zum einfacheren Ausrichten über die Dialogfläche definieren *(Layout/Grid Settings* oder letzter Button in Abbildung 4) oder
- Ihre Dialogbox gleich aus AppStudio heraus testen (*Resource/Test* oder erster Button in Abbildung 4).

Wollen Sie die Formatierungen gemäß Abbildung 4 auf eine **Gruppe** von Steuerelementen anwenden, müssen Sie diese Gruppe zuerst definieren. Dies tun Sie, indem Sie mit der Maus einen Kasten um die gewünschte Gruppe von Steuerelementen ziehen. Alle Elemente, die sich innerhalb dieses Kastens befinden, sind dann markiert. Sie erkennen den Markierungszustand daran, daß jedes gewählte Element einen Rahmen mit kleinen Kästchen in seinen Ecken aufweist. Überall, wo Sie diese Ecken sehen, können Sie die Größe oder andere Eigenschaften des Elementes verändern. Sobald Sie eine solche Gruppe definieren, gibt es immer ein Referenzelement. Sie erkennen dies an den schwarzen (statt weißen) Markierungskästchen. Formatieren Sie eine Gruppe mit den Aktionen gemäß Abbildung 4, wird das Referenzelement als Formatierungs-Vorbild betrachtet, nach dem sich alle anderen markierten Elemente richten. Haben Sie etwa sechs Pushbuttons unterschiedlicher Größe markiert und möchten sie auf gleiche horizontale Erstreckung bringen, drücken Sie den 1. Button der 5. Gruppe aus Abbildung 4. Alle sechs markierten Pushbuttons werden dann auf die gleiche horizontale Größe des schwarz eingekästelten Referenzelementes gebracht.

**Abbildung 5: Properties-Dialog für Checkboxes in AppStudio**

Abbildung 5 zeigt den wichtigsten Dialog zur Editierung der Steuerelement-Eigenschaften, hier am Beispiel der Checkbox *DEFAULT_PITCH*.

Solche und ähnliche Einstellungen mehr können Sie für jeden Steuerelement-Typ festlegen. Das Layout des Properties-Dialoges paßt sich dabei automatisch dem jeweiligen Typ an. Mit dem markierten Button links oben pinnen Sie den Dialog im Fenster fest, so daß Sie ihn nicht immer wieder erneut aufrufen müssen. Der ID-Bezeichner steht in der *ID*-Combobox, die Beschriftung des Steuerelementes im *Caption*-Feld. Die Combobox rechts oben zeigt hier nur *General* an; bei anderen Elementen können Sie auch deren sog. *Styles* ändern (Abbildung 6). Hier finden Sie noch einmal eine ganze Reihe von Einstellmöglichkeiten. Wenn Sie Informationen zu den einzelnen Möglichkeiten brauchen, klicken Sie einfach das Fragezeichen links oben im Properties-Dialog an.

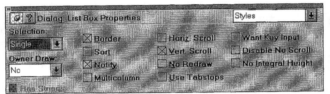

Versuchen Sie einmal zur Übung, den Schrift-Dialog aus Abbildung 2 selbst mit AppStudio zu erstellen!

**Abbildung 6: Properties-Dialog für Listboxes in AppStudio**

## 2.5.6 Dialoge mit der Klasse CDialog

Die gängige Methode der Dialogimplementierung funktioniert wie folgt:

- Ableiten einer eigenen Dialogklasse aus **CDialog** (hier mit Namen **CSchriftDlg**),
- Deklaration eigener Methoden und Datenmember,
- Überlagerung und Implementierung von **CDialog**-Methoden und
- Deklaration und Implementierung eigener Dialog-Methoden.

In **VTDlg.h** steht die dazu passende Deklaration der eigenen Dialogklasse **CSchriftDlg**:

```
class CSchriftDlg : public CModalDialog
{
public:   // Methoden
  CSchriftDlg(CWnd *pWnd);              // Allgemeine Methoden
  BOOL OnInitDialog();
  void OnOK();
  afx_msg void OnKeineAhnung();
  void UpdateSchriftDlg();
  afx_msg void OnPitch();               // für Schriftart
  afx_msg void OnFamily();
  afx_msg void OnListboxChanged();      // für Schriftfarbe
  afx_msg void OnRadioSchrifthoehe();   // für Schriftgröße
  afx_msg void OnHScroll(UINT nSBCode, UINT nPos,
                         CScrollBar *pScrBar);
public:   // Daten
  int m_nHoehe, m_nDicke, m_nColor;
  BYTE m_Kursiv, m_Unterstreichen, m_Durchstreichen;
  BYTE m_CharSet, m_Pitch;
  BOOL m_bInverted;
...
private:
  DECLARE_MESSAGE_MAP()
};
```

Moment - diese Klasse ist nicht von **CDialog**, sondern von **CModalDialog** abgeleitet. Das Include-File **afxwin.h** aber meint dazu folgendes:

```
// all CModalDialog functionality is now in CDialog
#define CModalDialog      CDialog
```

Sie hätten also unsere Klasse **CSchriftDlg** auch getrost von **CDialog** ableiten können. **CDialog** selbst stellt schon einige Grundfunktionalität zur Verfügung: die drei Methoden **OnOK**, **OnCancel** und **OnInitDialog**. Für **OnOK** und **OnCancel** existieren auch schon von Haus aus Einträge in die Message-Map, so daß Sie selbst sie nicht mehr berücksichtigen müssen. Möchten Sie selbst noch etwas über die Grundfunktionalität hinaus implementieren, müssen Sie lediglich die betreffenden Methoden überlagern und selbst ausprogrammieren. Hier ist das für **OnOK** und **OnInitDialog** der Fall.

Mit **CSchriftDlg** haben Sie eine Klasse, die zwei Methoden zur Initialisierung besitzt - den Konstruktor **CSchriftDlg** und die Methode **OnInitDialog**. Im Konstruktor sollten Sie alle **internen Daten** initialisieren. In **OnInitDialog** dagegen sollten Sie alle **visuellen Initialisierungen** vornehmen, da diese Methode direkt vor der Anzeige der Dialogbox aufgerufen wird - auf die Nachricht **WM_INITDIALOG** hin, die automatisch während der Dialoginstantiierung generiert wird. In der auf Anhieb schwer verständlichen Methode **OnInitDialog** werden die Dialogboxanzeigen mit den aktuellen Werten vorbesetzt. Das Listing von **VTDlg.cpp** finden Sie im Anhang.

Die Deklaration der **CSchriftDlg**-Klasse in **VTDlg.h** mit allen Methoden und Membern ist vielleicht jetzt noch nicht einsichtig; sie hängt eng damit zusammen, was Ihr Dialog können muß. Für einige Steuerungen ist eventuell gar keine eigene Fensterfunktion notwendig, für andere dagegen schon. (Zur Erinnerung: Fensterfunktion heißt jede Methode, die aufgrund einer Nachricht aktiviert wird und daher in der Message-Map steht.) Ich gehe bei den Erläuterungen zu den verschiedenen Steuerelementen auf diese Problematik ein.

## 2.5.7 Einbinden des Dialogs in ein Programm

### 2.5.7.1 Überblick über die erforderlichen Programmänderungen

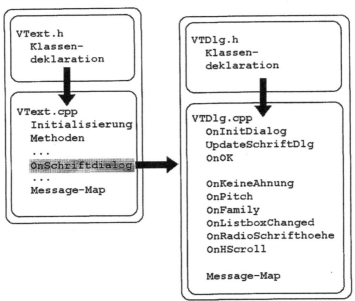

Betrachten Sie **Abbildung 7: Aufbau von ViewTextDialog** zur Verdeutlichung der weiteren Vorgehensweise. Das gesamte neue Projekt ViewTextDialog setzt sich aus dem schon bekannten ViewText und der Implementation der Klasse CSchriftdialog zusammen. Die Fensterfunktion OnSchriftdialog fungiert dabei als Schnittstelle zu der Dialogklasse. Die wichtigsten CSchriftdialog-Membermethoden sind OnInitDialog, UpdateSchriftDlg und OnOK; in ihnen finden Initialisierung (nur einmal am Anfang), Pflege (während der Dialog benutzt wird) und Validierung (nur einmal am Ende) der durch den Anwender geänderten Dialogdaten statt. Wie fast jede Klasse besitzt auch CSchriftdialog eine Message-Map und Fensterfunktionen; hier sind es OnKeineAhnung, OnPitch, OnFamily, OnListboxChanged, OnRadioSchrifthoehe und OnHScroll. Sie mußten aufgenommen werden, weil schon *während* der Benutzung der korrespondierenden Dialog-Bedienelemente durch den Anwender gewisse Änderungen im Aussehen des Dialoges oder der Datenstruktur vorgenommen werden müssen.

Sie haben vier Sourcefiles, die Sie verwalterisch und programmtechnisch miteinander verbinden müssen: die beiden Hauptprogrammfiles **VText.h** und **VText.cpp** und die beiden Dialogfiles **VTDlg.h** und **VTDlg.cpp**. In diesem Beispiel soll ein eigener Menüpunkt „Schriftdialog" den Aufruf des neugeschaffenen Dialoges veranlassen. Alle erforderlichen

Änderungen nehmen Sie an den beiden Hauptprogrammfiles, der Projektverwaltung und in AppStudio vor:

- In **VText.cpp**:
  - Fügen Sie die zusätzliche Zeile **#include <VTDlg.h>** ein.
  - Fügen Sie zusätzlich benötigte globale Variablen und Daten ein.
  - Der Dialog verändert einige globale Variablen, die sich auf die Ausgabe des angezeigten Textes auswirken. Programmieren Sie den Code, der diese Änderungen wirksam macht. In diesem Beispiel ist **OnPaint** die Methode der Wahl.
  - Erweitern Sie die Message-Map um den Menübehandlungs-Eintrag **ON_COMMAND(IDM_SCHRIFTDIALOG, OnSchriftdialog)**.
  - Programmieren Sie die Fensterfunktion **OnSchriftdialog**. Darin sollten Sie den Dialog erstellen, seine Membervariablen (soweit erforderlich) mit globalen Daten vorbelegen und den Dialog anzeigen. Nach Ende des Dialogs sollten Sie unterscheiden, ob der Anwender *OK* oder *Cancel* gedrückt hat, und dementsprechend die globalen Daten aus den Membervariablen aktualisieren oder so belassen.
- In **VText.h**: Fügen Sie die Deklaration der Fensterfunktion des neuen Menüeintrags ein: **afx_msg void OnSchriftdialog();**
- In der MSVC-Projektverwaltung: Ergänzen Sie die Projektliste um den Eintrag **VTDlg.cpp** (mit *Project/Edit...*, **VTDlg.cpp** anklicken und *Add*).
- In AppStudio: Erstellen Sie einen neuen Menüpunkt *Schriftdialog*. Der zugehörige ID sollte **IDC_SCHRIFTDIALOG** heißen.

## 2.5.7.2 Erforderliche Änderungen im Programm

Alle Codeausschnitte in diesem Abschnitt beziehen sich auf **VText.cpp**. Die restlichen Änderungen können Sie der Übersicht des vorangegangenen Abschnittes entnehmen.

Im *Schrift*-Dialog können vielfältige Einstellungen vorgenommen werden. Damit auch alle Variablen vorhanden sind, diese Einstellungen zu speichern, mußten folgende Zeilen ergänzt werden:

```
static int   weight    = 700;
static BYTE italic     = 1;
static BYTE underline = 0;
static BYTE strikeout = 0;
static BYTE charset        = ANSI_CHARSET;
static BYTE pitchandfamily = DEFAULT_PITCH | FF_ROMAN;
```

Diese globalen statischen Variablen nehmen alle Parameter des **CFont**-Members **CreateFont** auf, die bisher noch nicht in ViewText benutzt wurden, jetzt aber im Dialog veränderbar sein sollen.

Der Anwender soll zusätzlich in Listen einige Auswahlmöglichkeit haben: die Schriftfarbe soll textlich erscheinen, die dazugehörigen RGB-Werte ebenfalls, wie auch die Werte des **CreateFont**-Parameters **nCharSet**. Aus diesem Grunde müssen die dementsprechenden Daten auch definiert werden:

```
static char *AColorNames[] = {"Schwarz",
                              "Rot",
                              "Orange",
                              "Gelb",
                              "Grün",
                              "Blau",
                              "Violett",
                              "Weiß"};
struct S_RGB { BYTE Red, Green, Blue;};
static S_RGB rgb[] = {{  0,  0,  0}, {255, 10, 20},
                      {220,100,  0}, {255,255,  0},
                      { 30,255, 30}, { 20, 10,255},
                      {230, 10,220}, {255,255,255}};

static char *ACharSet[] = {"ANSI_CHARSET",
                           "DEFAULT_CHARSET",
                           "SYMBOL_CHARSET",
                           "SHIFTJIS_CHARSET",
                           "OEM_CHARSET"};
static BYTE cs[] = {ANSI_CHARSET,   DEFAULT_CHARSET,
                    SYMBOL_CHARSET, SHIFTJIS_CHARSET,
                    OEM_CHARSET};
```

Diese Datenstrukturen sind die Quellen, aus denen die **CSchriftDialog**-Member schöpfen, wenn sie den Dialog initialisieren, aktualisieren und Werte validieren.

Alle Einstellungen, die im Dialog gemacht werden können, beziehen sich auf die Ausgabe des Textes im Hauptfenster. Die Methode, die sich in **VText.cpp** um das Aussehen der Ausgabe kümmert, kennen Sie schon: **OnPaint**. Sie müssen folgende grau unterlegte Änderungen innerhalb **OnPaint** vornehmen, um die durch den Dialog besetzten Werte auch wirklich zur Anzeige bringen zu können:

```
CFont newfont,*oldfont;
BOOL ret;
switch (font)
{
  case 0 : oldfont = (CFont*)dc.
                     SelectStockObject(SYSTEM_FONT); break;
  case 1 : oldfont = (CFont*)dc.
                     SelectStockObject(ANSI_FIXED_FONT); break;
  case 2 :
  case 3 :
           if (font==3) weight=700; else weight=0;
           if (font==3) italic=1;   else italic=0;
           underline=0; strikeout=0;
           charset = DEFAULT_CHARSET;
           pitchandfamily = DEFAULT_PITCH | FF_ROMAN;
```

```
        ret = newfont.CreateFont(-height,
                    0,0,0,
                    (font==3?700:0),
                    (font==3?1:0),
                    0,0,
                    ANSI_CHARSET,
                    OUT_DEFAULT_PRECIS,
                    CLIP_DEFAULT_PRECIS,
                    DEFAULT_QUALITY,
                    DEFAULT_PITCH |(font==2?FF_SWISS:FF_ROMAN),
                    NULL);
        oldfont = dc.SelectObject(&newfont);
    break;
    case 4:
        ret = newfont.CreateFont(-height,
                    0,0,0,
                    weight,
                    italic,
                    underline,strikeout,
                    charset,
                    OUT_DEFAULT_PRECIS,
                    CLIP_DEFAULT_PRECIS,
                    DEFAULT_QUALITY,
                    pitchandfamily,
                    NULL);
        oldfont = dc.SelectObject(&newfont);
    break;
}
```

Um mit dem schon bestehenden ViewText kompatibel zu sein, erkennt **OnPaint** anhand des **font**-Wertes, ob der Anwender Änderungen mit Hilfe des Dialogs oder mit den schon aus vorherigen Kapiteln bekannten ViewText-Menüs vorgenommen hat. Ist **font==4**, hat der Anwender den Dialog aufgerufen. Dann wird im entsprechenden **case** 4-Zweig ein **CreateFont** mit den oben schon aufgeführten Variablen durchgeführt. Die zusätzlichen Variablen-Initialisierungen im **case** 3-Zweig informieren den Dialog über die Voreinstellungen, die natürlich bei Aufruf des Dialogs als Defaults angezeigt werden müssen.

Der Aufruf des Dialogs erfolgt über einen zusätzlichen Menüeintrag im Hauptmenü von ViewText. Das Message-passing (neudeutsch für „Nachrichtenweiterleitung") geschieht wie gewohnt über die Message-Map. Die Fensterfunktion **OnSchriftdialog** arbeitet wie eine Datenschaufel: Der Dialog wird erzeugt, und alle globalen Daten werden in die entsprechenden Dialog-Membervariablen geschaufelt. Der Dialog wird dann angezeigt, und der Anwender kann beliebige Änderungen vornehmen. Drückt der zum Abschluß noch den *OK*-Button, können alle Anwendereingaben als gültig betrachtet werden; die Dialog-Membervariablen können also wieder in die globalen Daten zurückgeschaufelt werden, und **OnPaint** in **VText.cpp** kann die neuen Einstellungen anzeigen. **OnSchriftdialog** fungiert also wie ein Interface zwischen dem schon bestehenden ViewText und dem neuen *Schrift*-Dialog und ist grundsätzlich wie folgt aufgebaut (mit Zeilennummern zur Referenz):

```
 1 : void CMainWindow::OnSchriftDialog()
 2 : {
 3 :   CSchriftDlg dlg(this);
 4 :   dlg.<Member-Variable> = <globale Variable>;
 5 :   ...
 6 :   if (dlg.DoModal==IDOK)
 7 :   {
 8 :     <globale Variable> = dlg.<Member-Variable>;
 9 :     ...
10 :     font = 4;
11 :     UpdateDisplay();
12 :   }
13 : }
```

In Zeile 3 wird der Dialog erzeugt, aber noch nicht angezeigt. Zeile 4 zeigt die Datenschaufel „globale Daten" → „Dialog-Membervariablen". Erst der Aufruf des CDialog-Members DoModal in Zeile 6 bewirkt, daß der Dialog modal angezeigt wird. Beendet ihn der Anwender mit dem *OK*-Button (was den Rückgabewert IDOK zur Folge hat), kann die umgekehrte Datenschaufel „Dialog-Membervariablen"→ „globale Daten" in Zeile 8 wirksam werden. Zeile 10 zeigt OnPaint an, daß für die veränderten Daten der Dialog verantwortlich war. Zeile 11 ruft über das Windows-Message-passing OnPaint auf. Drückt der Anwender nicht *OK*, findet keine Datenvalidierung statt, da nach Zeile 12 ja kein Code mehr steht.

## 2.5.8 Buttons (Klasse CButton)

In diesem und den folgenden drei Kapiteln werden die einzelnen Steuerelemente und deren speziellen Klassen näher erläutert. Dabei werden Sie immer folgende Informationen finden:
- eine allgemeine Erklärung des Steuerelementes und dessen Anwendungsmöglichkeiten,
- eine Übersicht über alle Nachrichten, die für dieses Steuerelement zutreffend ist,
- eine Beschreibung der Methoden, die die spezielle Klasse dieses Steuerelementes besitzen.

Die Klasse CButton unterstützt die Anzeige und Pflege von Pushbuttons (Schaltflächen), Radiobuttons (Umschalter) und Checkboxes (Markierungskästen).

### 2.5.8.1 Pushbuttons

Diese Art Buttons (siehe Abbildung 8) verbindet man gewöhnlich mit unmittelbar auszuführenden Aktionen. Sie „merken" sich ihren Zustand (gedrückt oder nicht gedrückt)

**Abbildung 8: Pushbuttons im *Schrift*-Dialog**

im allgemeinen nicht, so daß das Auftreten einer Windows-Nachricht das einzige Signal für Ihr Programm ist, das Ihnen das Drücken eines Pushbuttons anzeigt. Es gibt aber auch andere Beispiele für Pushbuttons, die so designt sind, daß sie ihren Zustand speichern. In Abbildung 9 sehen Sie einen Ausschnitt aus der Formatierungs-Buttonleiste von WinWord 6.0. Darin sind gerade Kursivschrift und Blocksatz aktiviert. Diese Anwendungen von Pushbuttons sind aber eher die Ausnahme.

**Abbildung 9: Buttonleiste aus WinWord 6.0**

## 2.5.8.2 Radiobuttons

Radiobuttons ermöglichen immer eine 1-aus-n-Auswahl einer überschaubaren Menge einander ausschließender Alternativen. Im Gegensatz zu Pushbuttons besitzen sie einen internen Zustandsspeicher, der gesetzt oder gelöscht werden kann. In Abbildung 10 finden Sie ein Beispiel aus dem *Schrift*-Dialog. Das Framework sorgt bei einer **gruppierten** Anzahl von Radiobuttons automatisch dafür, daß nur ein einziger von ihnen aktiv sein kann (in Abbildung 10 ist es *12*). Programmgesteuert könnten Sie diese Voreinstellung verändern, so daß Sie auch eine m-aus-n-Auswahl mit Radiobuttons erzielen könnten. Genau denselben Effekt können sie aber auch mit einer entsprechend gepflegten Checkbox-Menge erreichen.

◯ 6    ◯ 8    ◉ 12    ◯ 16
◯ 20   ◯ 24   ◯ 36    ◯ 48

**Abbildung 10: Radiobuttons des** *Schrift*-**Dialogs**

## 2.5.8.3 Checkboxes

┌─Attribute──────────┐
  Kursiv          ☒
  Unterstrichen   ☒
  Fett            ☒
  Durchgestrichen ☐
  Invertiert      ☐
└────────────────────┘

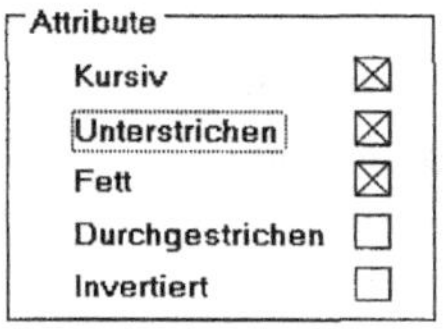

**Abbildung 11: Das Attribute-Checkbox-Feld aus dem** *Schrift*-**Dialog**

Wie auch Radiobuttons besitzen Checkboxes einen internen Zustandsspeicher, der durch spezielle CButton-Methoden verändert und abgefragt werden kann. Abbildung 11 zeigt ein Beispiel aus dem Schrift-Dialog. Zusätzlich zu den ersten drei markierten Kästen ist noch erkennbar, daß *Unterstrichen* gerade den Eingabefocus besitzt. Das Framework setzt (wie bei Radiobuttons den Markierungspunkt) automatisch das Kreuz und löscht es auch wieder, wenn der Anwender entsprechend klickt. Üblicherweise präsentieren Checkboxes eine m-aus-n-Auswahl voneinander unabhängiger Einzelpunkte. Bestehen aber semantische Interdependenzen zwischen Einzelpunkten, muß man als Programmierer selbst für das korrekte Setzen und Löschen der Kreuze sorgen. Ein Beispiel sind die Checkboxen der *Schriftart*-Gruppe des *Schrift*-Dialogs. In jeder vertikalen Reihe kann dort nämlich nur je eine Checkbox markiert sein, was selbst programmiert werden muß. Die in Abbildung 11 dargestellte *Attribute*-Checkboxes haben keine semantische Interdependenzen: jedes Kreuz kann unabhängig von jedem anderen gesetzt oder gelöscht werden.

## 2.5.8.4 Nachrichten für Buttons

Der wichtigste Message-Map-Eintrag ist gleich auch der gewohnte:

```
ON_COMMAND(<ID>, <Memberfunktion>)
```

Klicken Sie den Button mit dem Bezeichner <ID> an, wird die <Memberfunktion> angesprungen. Es gibt noch einige andere Ereignisse, auf die Sie sich von Windows eine Nachricht zukommen lassen können, doch sind diese eher unwichtig. Sie werden auch nur Message-Map-Einträge für underline reaktive Buttons realisieren, also für solche, auf die unmittelbar etwas passieren muß. Dies ist nicht immer der Fall, vor allen Dingen bei Radiobuttons und Checkboxes. Trotzdem finden Sie in VTDlg.cpp Einträge für die Checkboxes der *Schriftart*-Gruppe. Diese haben die Besonderheit, nur interdependent aktivierbar zu sein. Das heißt, daß für das Ankreuzen eines Checkkastens der Ankreuzzustand eines oder mehrerer **anderer** Checkkästen wichtig ist. Alle anderen Checkboxes und Radiobuttons des *Schrift*-Dialogs dagegen sind nicht interdependent aktivierbar. Insbesonders müssen Sie keine aktuellen Ankreuzzustände speichern und die Kreuze oder Punkte setzen - letzteres erledigt das

Framework automatisch für Sie (wenn Sie *Auto* im Properties-Dialog nach Abbildung 5 ankreuzen). Dazu brauchen Sie sich bei den gruppierten Radiobuttons nicht darum zu kümmern, daß immer nur **ein** Radiobutton gesetzt ist - hier greift Ihnen das Framework ebenfalls hilfreich unter die Arme, indem es alle anderen als den soeben vom Anwender angeklickten Radiobutton automatisch zurücksetzt.

### 2.5.8.5 Methoden für Buttons

Wenn Sie `CButton`-Methoden auf Buttons anwenden wollen, müssen Sie den gewünschten Button erst einmal auswählen („holen"). Dies tun Sie mit der `CWnd`-Methode `GetDlgItem` (Sie erinnern sich: alle Steuerelement-Klassen sind von `CWnd` abgeleitet), die Ihnen einen Pointer auf die im Parameter angegebene Steuerelement-ID zurückgibt. Da es einige verschiedene Steuerelement-Klassen gibt, stellen Sie noch einen Typecast voran:

```
void CSchriftDlg::OnPitch()
{
  int i, p_ix;
  p_ix = GetCurrentMessage()->wParam - IDC_CHECK_DEFP;
  for (i=0; i<3; i++)
    ((CButton *)GetDlgItem(IDC_CHECK_DEFP+i))
        ->SetCheck(i==p_ix?1:0);
  m_Pitch &= (BYTE)0xFC;
  m_Pitch |= p_and_ff[p_ix];
}
```

Hier sehen Sie auch gleich eine wichtige `CButton`-Methode, die auf Checkboxes und Radiobuttons anwendbar ist: `SetCheck`. Mit `SetCheck` und `TRUE` oder `FALSE` im Parameter setzen bzw. löschen Sie das Checkkreuz (bei Checkboxes) oder den Punkt (bei Radiobuttons).

`OnPitch` wird angesprungen, sobald der Anwender einen der drei (interdependent aktivierbaren) Pitch-Checkboxes links oben in der *Schriftart*-Gruppe anklickt. Der Rest der Methode ist vom Prinzip her schon aus ViewText bekannt, hier allerdings noch angereichert mit ein wenig boolescher Logik. Diese Operationen sorgen dafür, daß immer nur eine einzige Pitch-Checkbox angekreuzt sein kann.

Die Fensterfunktion `OnFamily` ist ganz ähnlich wie `OnPitch` aufgebaut und wird bei Klick auf einen der sechs FF- (FontFamily-)Checkboxes angesprungen. Sie finden das Listing in `VTDlg.cpp` im Anhang.

Aus der Beschreibung der `CButton`-Klasse der Online-Help entnehmen Sie außerdem alle anderen Operationen, die Sie auf Buttons anwenden können:

| | |
|---|---|
| `GetState` | Liefert den Ankreuz-, Highlight- und Eingabefocus-Status eines Buttons. |
| `SetState` | Setzt den Highlight-Status eines Buttons. |
| `GetCheck` | Liefert den Ankreuzstatus eines Buttons. |
| `SetCheck` | Setzt den Ankreuzstatus eines Buttons. |
| `GetButtonStyle` | Liefert Style-Informationen über den Button (siehe Online-Help). |
| `SetButtonStyle` | Setzt den Button-Style. |

Der sog. „Highlight-Status" eines Buttons ist dann aktiviert, wenn Sie ihn anklicken und die Maustaste gedrückt halten - der Windows-eigene 3D-Effekt sorgt dafür, daß der Button wie niedergedrückt aussieht. Unter „Button-Styles" faßt man die Einstellungen zusammen, die Sie in AppStudio im Properties-Dialog unter *Styles* setzen können.

Die Beschriftung von Buttons können Sie natürlich ebenso verändern wie deren Ankreuz- oder Highlightstatus und den Style. Die passenden Methoden dafür kommen allerdings aus CWnd, so daß sie nicht unter den CButton-Methoden zu finden sind: SetWindowText und GetWindowText. Da ein Button aber auch ein vollwertiges Fenster (im C++-Sinne) ist, verwendet man diese Methoden wie CButton-Membermethoden.

Beispielhaft sei hier an den Pitch-Checkboxes der *Schriftart*-Gruppe unseres Dialogs noch die Initialisierung erklärt. Zuerst einmal müssen die Default-Werte richtig gesetzt werden, denn bei Aufruf des Dialogs soll dessen Inhalt ja die gerade aktuellen Einstellungen wiederspiegeln:

```
BOOL CSchriftDlg::OnInitDialog()
{
   int i;
   BYTE p;
   for (i=0, p=m_Pitch&0x03; i<3; i++)
     ((CButton *)GetDlgItem(IDC_CHECK_DEFP+i))
                 ->SetCheck(p==p_and_ff[i]?1:0);
   ...
   UpdateSchriftDlg();
   return TRUE;
}
```

Während der Anwender im Dialog herumklickt und dabei auch an den Pitch-Checkboxes Kreuze setzt oder löscht, wird immer die schon oben angegebene Methode OnPitch aufgerufen, die für nur **ein einziges** gesetztes Kreuz unter den Pitch-Checkboxes sorgt. Die zugehörigen Message-Map-Einträge dürfen natürlich auch nicht fehlen:

```
BEGIN_MESSAGE_MAP(CSchriftDlg, CDialog)
   ON_COMMAND(IDC_CHECK_DEFP, OnPitch)
   ON_COMMAND(IDC_CHECK_VARP, OnPitch)
   ON_COMMAND(IDC_CHECK_FIXP, OnPitch)
   ...
END_MESSAGE_MAP()
```

## 2.5.9 Listen

Unter dem Begriff „Listen" faßt man Listboxen und Comboboxen zusammen. Im Gegensatz zu Buttons existiert für diese Listen je eine eigene Klasse.

### 2.5.9.1 Listboxes (Klasse CListBox)

Listboxes (Abbildung 12) dienen der 1-aus-n- (oder bei eingestellter Mehrfachselektionsmöglichkeit m-aus-n-) Auswahl eines Punktes aus einer großen Menge von Alternativen. Anders als z.B. bei Radiobuttons (die ja auch 1-aus-n-Wahl bieten) hat die

**Abbildung 12: Schriftfarben-Listbox aus dem *Schrift*-Dialog**

Listbox meist dynamisch erzeugte Einträge, also solche, die zur Compilezeit noch unbekannt sind. Die Ausnahme bestätigt die Regel: im *Schrift*-Dialog stehen die Listbox-Daten schon zur Compilezeit fest (in einem globalen statischen Array gespeichert), am Prinzip der Darstellung ändert sich jedoch gar nichts.

### 2.5.9.1.1 Nachrichten für Listboxes

Alle Message-Map-Einträge für Listboxes folgen dem Format `ON_LBN_xxx(<ID>,<Memberfunktion>)`, wobei **xxx** die Aktion bezeichnet, die Windows zum Senden der zugehörigen Nachricht veranlaßt:

| Message-Map-Eintrag | Bedeutung: Nachricht wird gesendet, wenn... |
|---|---|
| ON_LBN_DBLCLK | Bei Doppelklick auf einen Listbox-Eintrag, aber nur, wenn der Style LBN_NOTIFY gesetzt ist. |
| ON_LBN_ERRSPACE | Auf Speichermangel bei Listbox-Aktionen |
| ON_LBN_KILLFOCUS | Bei Verlieren des Eingabefocus |
| ON_LBN_SELCANCEL | Wenn der Listbox-Eintrag verworfen wird (nur mit LBN_NOTIFY) |
| ON_LBN_SELCHANGE | Wenn die Listbox-Auswahl geändert wird (nur mit LBN_NOTIFY) |
| ON_LBN_SETFOCUS | Bei Erhalt des Eingabefocus |

**Tabelle 8: Message-Map-Einträge für Listboxen**

### 2.5.9.1.2 Methoden für Listboxes

Die Klasse **CListBox** offeriert eine ganze Palette von Methoden zur Änderung, Wartung und Eigenschaftsfestlegung. Hier sollen nur die wichtigsten von ihnen am Beispiel des *Schrift*-Dialogs vorgestellt werden. Zuerst einmal muß die Listbox initialisiert werden. Die acht Einträge werden mit der Methode **AddString** aus dem globalen statischen Array **m_szAColorNames** in die Listbox kopiert. Wurde im AppStudio-Properties-Dialog der *Sort*-Style gesetzt, erscheinen die per **AddString** eingefügten Elemente alphabetisch sortiert. Wegen des (unten erklärten) Zugriffs auf den Listbox-Inhalt müssen Sie diesen Style hier unbedingt ausschalten.

```
BOOL CSchriftDlg::OnInitDialog()
{
  int i;
  ...
// Schriftfarbe:
  CListBox *FarbBox = (CListBox *)GetDlgItem(IDC_LIST_COLOR);
  for(i=0; i<8; FarbBox->AddString(m_szAColorNames[i++]));
  ...
  UpdateSchriftDlg();
  return TRUE;
}
```

Mit dem Message-Map-Eintrag
```
ON_LBN_SELCHANGE(IDC_LIST_COLOR, OnListboxChanged)
```
erreichen Sie, daß jedesmal, wenn der Anwender die Listbox-Auswahl getroffen hat, die Methode **OnListboxChanged** angesprungen wird:

```
void CSchriftDlg::OnListboxChanged()
{
  m_nColor = ((CListBox *)GetDlgItem(IDC_LIST_COLOR))
                      ->GetCurSel();
  UpdateSchriftDlg(); // da wird schon alles erledigt
}
```

Das Wichtige in dieser Methode ist der Aufruf von **GetCurSel**, das den Index (!) des ausgewählten Listbox-Eintrags zurückliefert (der dann in **m_nColor** gespeichert wird). Bei acht Listbox-Einträgen bekommen Sie **int**-Werte von 0 bis 7 heraus. Jetzt wird auch klar, warum Sie den *Sort*-Style ausschalten mußten: die Indizes wären vollkommen verschoben, und es würden einfach andere als die ausgewählten Farben angezeigt. Probieren Sie es ruhig einmal aus!

Sie haben bestimmt bemerkt, daß jedesmal, wenn Sie im *Schrift*-Dialog eine Farbe ausgewählt haben, die zugehörigen RGB-Werte in den Editfeldern darüber angezeigt werden. Dieses Feature macht es überhaupt erst notwendig, einen Message-Map-Eintrag extra für die Listbox einzufügen, weil dadurch ja sofort auf die Listbox-Auswahl reagiert werden muß.

Ein weiteres Problem ist die korrekte Initialisierung der Auswahl. Wenn der Dialog aufgerufen wird, hat die Schrift ja schon eine Farbe; diese sollte dann auch in der Listbox ausgewählt sein. Zu diesem Zweck wurde in **OnInitDialog** die Methode **UpdateSchriftDlg** aufgerufen, die alle Defaultwerte richtig einstellt:

```
void CSchriftDlg::UpdateSchriftDlg()
{
  char buf[4];
  // Schriftfarbe:
  ((CListBox *)GetDlgItem(IDC_LIST_COLOR))->SetCurSel(m_nColor);
  SetDlgItemText(IDC_EDIT_RED,
        itoa((int)m_RGB[m_nColor].Red,   buf, 10));
  SetDlgItemText(IDC_EDIT_GREEN,
        itoa((int)m_RGB[m_nColor].Green, buf, 10));
  SetDlgItemText(IDC_EDIT_BLUE,
        itoa((int)m_RGB[m_nColor].Blue,  buf, 10));
  ...
}
```

Um die aktuelle Farbe in der Listbox ausgewählt darzustellen, verwenden Sie **SetCurSel** (mit dem Farb-Index **m_nColor** als Argument). Mit dem **CWnd**-Member **SetDlgItemText** können Sie (genau wie in der Beschreibung der **CButton**-Klasse mit **SetWindowText**) Text ausgeben. Hinzu kommt hier jedoch noch als erstes Argument das ID des Steuerelementes. Die drei **SetDlgItemText**-Aufrufe belegen die drei Editfelder der *Schriftfarbe*-Gruppe mit den RGB-Werten aus dem globalen statischen Array **m_RGB**.

### 2.5.9.2 Comboboxes (Klasse CComboBox)

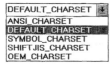

**Abbildung 13: CharSet-Combobox aus dem *Schrift*-Dialog**

Wie auch Listboxes ermöglichen Comboboxes die 1-aus-n-Auswahl einer großen Menge Alternativen. Sie kombinieren ein Editfeld platzsparend mit einer Klappleiste und sind damit komfortabler als Listboxes. Daneben besitzen sie alle Eigenschaften von Listboxes, können also auch mit Scrollbalken versehen werden. Im allgemeinen werden Sie in Programmen mehr Comboboxes als Listboxes vorfinden, weil sie weniger Platz einnehmen und schon gleich ein Editfeld mitliefern.

### 2.5.9.2.1 Nachrichten für Comboboxes

Alle Message-Map-Einträge für Comboboxes folgen dem Format `ON_CBN_xxx(<ID>,<Memberfunktion>)`, wobei **xxx** die Aktion bezeichnet, die Windows zum Senden der zugehörigen Nachricht veranlaßt:

| Message-Map-Eintrag | Bedeutung: Nachricht wird gesendet, wenn... |
|---|---|
| ON_CBN_CLOSEUP | Die Combobox-Klappleiste wurde geschlossen (nicht bei aktivem Style CBS_SIMPLE) |
| ON_CBN_DBLCLK | Bei Doppelklick auf einen Combobox-Eintrag, aber nur, wenn der Style CBS_SIMPLE gesetzt ist. |
| ON_CBN_DROPDOWN | Die Combobox soll aufgeklappt werden (nur mit Style CBS_DROPDOWN oder CBS_DROPDOWNLIST) |
| ON_CBN_EDITCHANGE | Der Editfeld-Inhalt kann sich geändert haben |
| ON_CBN_EDITUPDATE | Direkt vor Anzeige des neuen Textes im Editfeld |
| ON_CBN_ERRSPACE | Auf Speichermangel bei Combobox-Aktionen |
| ON_CBN_KILLFOCUS | Bei Verlieren des Eingabefocus |
| ON_CBN_SELENDCANCEL | Wenn die Anwendereingabe als ungültig betrachtet werden soll (er klickt einen Eintrag an, dann aber z.B. ein anderes Fenster) |
| ON_CBN_SELENDOK | Wenn der Anwendereingabe gültig sein soll |
| ON_CBN_SELCHANGE | Wenn sich die Combobox-Auswahl geändert hat |
| ON_CBN_SETFOCUS | Bei Erhalt des Eingabefocus |

Tabelle 9: Message-Map-Einträge für Comboboxes

Für eine genauere Bedeutungsaufschlüsselung mit allen zugehörigen Style-settings konsultieren Sie die Online-Help.

### 2.5.9.2.2 Methoden für Comboboxes

Die Klasse **CComboBox** ermöglicht Ihnen wie auch **CListBox** weitreichende Änderungs- und Einstellungsmöglichkeiten. Hier sollen wiederum nur die im *Schrift*-Dialog verwendeten wichtigsten Methoden dargelegt werden. Wie Sie sehen werden, sind sich die beiden Klassen sehr ähnlich. Mit **GetDlgItem** selektieren Sie das gewünschte Item (hier unsere Combobox mit dem ID **IDC_COMBO_CHARSET**), mit **AddString** fügen Sie Strings in die Combobox-Liste ein, und mit **SetCurSel** wählen Sie einen Combobox-Eintrag aus:

```
BOOL CSchriftDlg::OnInitDialog()
{
    int i;
    ...
    CComboBox *CSBox = (CComboBox *)GetDlgItem(IDC_COMBO_CHARSET);
    for(i=0; i<5; CSBox->AddString(m_szACharSet[i++]));
    for(i=0; i<5; i++)
        if (m_nACS[i]==m_CharSet)
            ((CComboBox *)GetDlgItem(IDC_COMBO_CHARSET))
                ->SetCurSel(i);
    ...
}
```

Diese Combobox braucht keinen eigenen Message-Map-Eintrag, da keine unmittelbaren Aktionen auf die Auswahl eines Eintrages oder sonstiger Combobox-Aktivitäten notwendig sind. Lediglich zum Abschluß des Dialogs (wenn der Anwender den *OK*-Button gedrückt hat), muß der gerade gewählte Combobox-Eintrag validiert werden:

```
void CSchriftDlg::OnOK()
{
    m_CharSet = m_nACS[((CComboBox *)
                GetDlgItem(IDC_COMBO_CHARSET))->GetCurSel()];
    ...
    EndDialog(IDOK);
}
```

Dies geschieht genau so mit Hilfe von `GetCurSel`, wie Sie es schon von Listboxen her kennen.

## 2.5.10 Textfelder

Interaktive grafische Benutzeroberflächen haben sich (nicht zuletzt mit Windows) auf breiter Front durchgesetzt, so daß für Texteingaben heutzutage kein so großer Bedarf mehr herrscht. Außer zur Erfassung in Textverarbeitungen werden kaum noch Einstellungen oder Befehle über die Tastatur eingegeben, sondern grafisch orientiert mit der Maus. Nichtsdestoweniger haben Textfelder als Beschriftung oder Eingabemedium auch heute noch ihre Berechtigung.

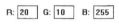

**Abbildung 14: Statics und Editfelder aus dem *Schrift*-Dialog**

Statische Texte (Statics), wie sie zur Beschriftung eingesetzt werden, unterstützt MFC mit der Klasse `CStatic`. Editfelder mit je nach Bedarf gesetzten Editierattributen offerieren weitreichende Funktionalität bis hin zur kleinen Textverarbeitung mit komfortabler Formatierung, natürlich mehrzeiliger Eingabe und automatischen Konvertierungs- und Scrollfunktionen. MFC stellt zur Programmsteuerung die Klasse `CEdit` zur Verfügung.

### 2.5.10.1 Statics (Klasse CStatic)

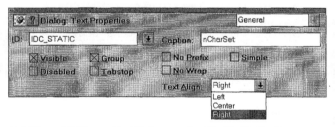

**Abbildung 15: Properties-Dialog aus AppStudio für Statics**

Statics sind in vielen Fällen nichts weiter als einmal in AppStudio erstellte Beschriftungen. Entgegen ihrer Bezeichnung können sie aber programmgesteuert verändert werden. Abbildung 15 zeigt die Einstellmöglichkeiten für Statics in AppStudio. Einfache Formatierungen (linksbündig, zentriert, rechtsbündig) können Sie hier direkt angeben.

Statics müssen nicht immer aus Text bestehen; `CStatic` offeriert auch die Möglichkeit, Icons darzustellen. Die `CStatic`-Methoden `SetIcon` und `GetIcon` in Verbindung mit der globalen Funktion `LoadIcon` bewerkstelligen dies. Darauf wird hier aber nicht näher eingegangen.

Statics sind nicht reaktiv und haben deswegen auch keine eigenen Nachrichten oder Message-Map-Einträge.

## 2.5.10.2 Editfelder (Klasse CEdit)

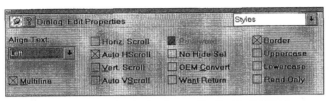

**Abbildung 16: Properties-Dialog in AppStudio für Editfelder**

In nebenstehender Abbildung 16 sehen Sie den *Edit Properties*-Dialog, mit dem Sie die Editierattribute für Ihr Editfeld angeben können. Zur Bedeutung der Checkboxes drücken Sie den Fragezeichen-Pushbutton links oben im Dialog. Die grundlegenden Eigenschaften des Editfeldes legen Sie im *General*-Modus fest (erscheint in der Combobox rechts oben).

### 2.5.10.2.1 Nachrichten für Editfelder

Editfelder besitzen wie auch andere Steuerelemente eigene Nachrichten und Message-Map-Einträge. Wie Sie sich nach den vorhergehenden Kapiteln sicher schon denken können, folgen sie dem Format `ON_EN_xxx(<ID>,<Memberfunktion>)`, wobei `xxx` die Aktion bezeichnet, die Windows zum Senden der zugehörigen Nachricht veranlaßt:

| Message-Map-Eintrag | Bedeutung: Nachricht wird gesendet, wenn... |
|---|---|
| ON_EN_CHANGE | Der Editfeld-Inhalt kann sich geändert haben |
| ON_EN_ERRSPACE | Nicht genügend Speicher für Editfeld-Aktionen vorhanden |
| ON_EN_HSCROLL | Die horizontale Editfeld-Scrollbar wurde angeklickt |
| ON_EN_KILLFOCUS | Das Editfeld verliert den Eingabefocus |
| ON_EN_MAXTEXT | Eine Texteinfügeoperation führt zu Textüberlänge |
| ON_EN_SETFOCUS | Das Editfeld bekommt den Eingabefocus |
| ON_EN_UPDATE | Kurz vor der Anzeige geänderten Textes im Editfeld |
| ON_EN_VSCROLL | Die vertikale Editfeld-Scrollbar wurde angeklickt |

**Tabelle 10: Message-Map-Einträge für Editfelder**

Für eine genauere Bedeutungsaufschlüsselung mit allen zugehörigen Style-settings konsultieren Sie die Online-Help.

### 2.5.10.2.2 Methoden für Editfelder

In unserem *Schrift*-Dialog werden nur sehr einfache Editfelder benutzt, die auch lediglich zur Anzeige von Daten (und nicht zur Eingabe) verwendet werden. Durch entsprechende Message-Map-Einträge und die dazugehörigen Fensterfunktionen wäre dies aber problemlos programmierbar - wenn überhaupt notwendig.

Die wichtigsten Funktionen für Editfelder sind sicher die Ausgabe und das Einlesen von Text. Hier gibt es die schon vorgestellten Methoden `SetWindowText` und `GetWindowText` (siehe unter 2.5.8.5 „Methoden für Buttons"). Alternativ wären auch `SetDlgItemText` und `GetDlgItemText` verwendbar (siehe unter 2.5.9.1.2 „Methoden für Listboxes").

Darüber hinaus gibt es noch einige andere Methoden. So können Sie einzelne Zeilen einlesen, einen selektierten Text manipulieren, aus der Zwischenablage heraus oder in sie hinein kopieren, scrollen, beliebig formatieren, eine UNDO-Funktion aktivieren und vielfältige Informationen über Zeilenlängen, Textänderungen und Markierungen bekommen. Im *Schrift*-Dialog werden Editfeld-Manipulationen nur mit `SetDlgItemText` vorgenommen:

```
void CSchriftDlg::UpdateSchriftDlg()
{
  char buf[4];
// Schriftfarbe:
  ((CListBox *)GetDlgItem(IDC_LIST_COLOR))->SetCurSel(m_nColor);
  SetDlgItemText(IDC_EDIT_RED,
            itoa((int)m_RGB[m_nColor].Red,    buf, 10));
  SetDlgItemText(IDC_EDIT_GREEN,
            itoa((int)m_RGB[m_nColor].Green, buf, 10));
  SetDlgItemText(IDC_EDIT_BLUE,
            itoa((int)m_RGB[m_nColor].Blue,  buf, 10));
// Schriftgröße:
  SetDlgItemText(IDC_EDIT_HEIGHT, itoa(m_nHoehe, buf, 10));
  ...
}
```

## 2.5.11 Scrollbars (Klasse CScrollBar)

Als Elemente eines Hauptfensters wurden Scrollbars schon vorgestellt. Die Programmierung solcher Steuerelemente unterscheidet sich nicht von der hier verwendeten - lediglich die Position des Schiebers wird anders gedeutet. Mit Scrollbars können Sie Übersicht über eine große Menge Daten bekommen, wobei die Positionierungsgenauigkeit eher klein ist. Es kommt meist auch nicht auf die exakte Stellung des Schiebers an, sondern nur, daß er ungefähr richtig steht. Insofern sind Scrollbars intuitive Steuerelemente, die eine Auswahl für den Anwender analogisiert und ihm somit einen schnellen und visuellen Zugriff erlaubt.

**Abbildung 17: Scrollbar des *Schrift*-Dialogs**

Die Scrollbar aus Abbildung 17 besitzt gerade den Eingabefocus - Sie erkennen dies an der dunkelgrauen Einfärbung des Schiebers. Scrollbars sind nicht von sich aus mit der Tastatur bedienbar, selbst wenn sie den Eingabefocus besitzen. Die Steuerung mit z.B. den Cursortasten müßten Sie dann selbst programmieren. Scrollbars werden immer mit einer zusätzlichen Anzeige dargestellt, die die Position des Schiebers auswertet - sei es in Form numerischer Anzeigen in Editfeldern oder grafisch als Bildausschnitt. Verwenden Sie dieses Steuerelement zum Scrollen eines Fensters, zeigt das Fenster den Ausschnitt, der der Position des Schiebers in der Scrollbar entspricht. In unserem *Schrift*-Dialog zeigt ein Editfeld den numerischen Wert an, der durch die Position des Schiebers repräsentiert wird.

### 2.5.11.1 Nachrichten für Scrollbars

Sie kennen die möglichen Message-Map-Einträge und die Fensterfunktionen zur Behandlung von Scrollbars schon aus früheren Kapiteln; hier seien sie noch einmal aufgeführt, getrennt nach horizontalen und vertikalen Scrollbars:

| Message-Map-Eintrag | Funktionsprototyp |
|---|---|
| ON_WM_HSCROLL() | afx_msg void OnHScroll(UINT nSBCode, UINT nPos, CScrollBar *pScrollBar); |
| ON_WM_VSCROLL() | afx_msg void OnVScroll(UINT nSBCode, UINT nPos, CScrollBar *pScrollBar); |

**Tabelle 11: Message-Map-Einträge und Funktionsprototypen für Scrollbars**

Die übergebenen Parameter von `OnHScroll` und `OnVScroll` ermöglichen Ihnen adäquate Reaktion auf Klicken des Anwenders:

```
void CSchriftDlg::OnHScroll(UINT nSBCode, UINT nPos,
                            CScrollBar *pScrBar)
{
   switch (nSBCode)
   {
      case SB_LINEUP        : --m_nHoehe; break;
      case SB_LINEDOWN      : ++m_nHoehe; break;
      case SB_PAGEUP        : m_nHoehe -= 10; break;
      case SB_PAGEDOWN      : m_nHoehe += 10; break;
      case SB_THUMBPOSITION :
      case SB_THUMBTRACK    : m_nHoehe = nPos; break;
   }
   if (m_nHoehe < 0)   m_nHoehe = 0;
   if (m_nHoehe > 255) m_nHoehe = 255;
   UpdateSchriftDlg();
}
```

Hier ist ersichtlich, daß die wichtigste Information aus **nSBCode** kommt. Die Abfragen nach dem **switch**-Block begrenzen **m_nHoehe** auf den festgelegten Wert von 0 bis 255.

| nSBCode | Anwenderaktion bei horizontalen (vertikalen) Scrollbars |
|---|---|
| SB_LINEUP | Druck auf Pfeilbutton links (oben) |
| SB_LINEDOWN | Druck auf Pfeilbutton rechts (unten) |
| SB_PAGEUP | Druck auf die Fläche zwischen Pfeilbutton links (oben) und Schieber |
| SB_PAGEDOWN | Druck auf die Fläche zwischen Pfeilbutton rechts (unten) und Schieber |
| SB_THUMBPOSITION | Nach Schieberbewegung |
| SB_THUMBTRACK | Während der Schieberbewegung |

**Tabelle 12: Werte von nSBCode**

## 2.5.11.2 Methoden für Scrollbars

Die Klasse **CScrollBar** ist relativ übersichtlich. Sie finden darin folgende Methoden:

| CScrollBar-Methode | Bedeutung |
|---|---|
| GetScrollPos | Gibt die aktuelle Schieberposition zurück |
| SetScrollPos | Setzt die aktuelle Schieberposition |
| GetScrollRange | Gibt die gerade aktuelle minimale und maximale Schieberposition für die gegebene Scrollbar zurück |
| SetScrollRange | Setzt die minimale und maximale Scrollbar-Erstreckung |
| ShowScrollBar | Zeigt die Scrollbar an oder versteckt sie |
| EnableScrollBar | Aktiviert oder deaktiviert einen oder beide Scrollbar-Pfeilbuttons |

**Tabelle 13: Methoden von CScrollBar**

Mindestens die Methode **SetScrollRange** muß einmal aufgerufen werden, schließlich muß die Scrollbar ja wissen, von wo bis wo sie Werte liefern soll. In ViewTextDialog finden Sie daher auch folgende Zeilen:

```
BOOL CSchriftDlg::OnInitDialog()
{
  ((CScrollBar *)GetDlgItem(IDC_SCROLLBAR))
              ->SetScrollRange(0,255,FALSE);
  ...
  UpdateSchriftDlg();
  return TRUE;
}
```

Die Scrollbar im *Schrift*-Dialog ist für die Schriftgröße zuständig - neben einigen Radiobuttons, mit denen der Anwender ebenfalls die Schriftgröße wählen kann. Aus diesem Grund muß es noch Code geben, der die Schieberposition nachführt, wenn Radiobuttons zur Schriftgrößenauswahl benutzt wurden:

```
void CSchriftDlg::UpdateSchriftDlg()
{
  ...
  ((CScrollBar *)GetDlgItem(IDC_SCROLLBAR))
              ->SetScrollPos((int)m_nHoehe,TRUE);
  ...
}
```

# 3 Fortgeschrittene Programmierung

In diesem Abschnitt erfahren Sie die Grundlagen einiger Konzepte, die Sie wahrscheinlich erst viel später in Ihre eigenen Programme implementieren können. Zu allen Konzepten gibt es hier kaum Beispiele, da deren Komplexität den Rahmen dieses Tutorials weit sprengen würde. Mit dem MSVC mitgeliefert sind aber eine Vielzahl von Beispielprogrammen, die Sie sich mit diesem Abschnitt (und intensiver Online-Help-Benutzung!) sicher viel leichter selbst erarbeiten können. Sinn kann es hier also nur sein, einen Einblick in die faszinierenden Möglichkeiten der fortgeschrittenen Programmierung zu geben. Vielleicht ermutigen Sie die technischen Möglichkeiten ja dazu, weiterführende Lektüre zum genauen Verständnis heranzuziehen und in eigenen Applikationen zu implementieren! Ich wünsche Ihnen viel Erfolg dabei.

## 3.1 Strukturierte Programmierung - Die Document-Frame-View-Architektur

### 3.1.1 Begriffserklärung

Das Schlagwort „Strukturierte Programmierung" hat vor langer Zeit zuerst bei Programmiersprachen Einzug gehalten, als nämlich Konstrukte prozeduraler Sprachen (wie `while ... do`/ `for`/ `repeat ... until`-Schleifen und das Unterprogrammkonzept) dem Programmierer zu strukturierter Programmierweise gezwungen haben. Heute erscheinen uns solche Sprachen selbstverständlich; es gibt kaum noch Programmierer, die in Assembler oder BASIC schreiben (den Paradebeispielen unstrukturierter Programmiersprachen).

Eine Ebene höher stehen die seit einigen Jahren erhältlichen OOP-Sprachen, zu denen auch C++ gehört. Die Strukturierung bezieht sich dabei nicht nur auf die Sprachkonstrukte an sich, sondern erstreckt sich auf die Kapselung zusammengehöriger Daten und Unterprogramme zu neuen funktionalen Untereinheiten, den Klassen.

Den bisher in solchen Sprachen höchsten verwendeten Abstraktionsgrad der Strukturierung stellt die Document-Frame-View- (manchmal auch kurz Doc-Frame-View- oder nur Doc-View-) Architektur dar. Sie trennt (für C++ z.B.) alle Klassen in drei Gruppen auf:

- die **Documents**, also das der Applikation zugrundeliegende Datenmodell, dessen Datenstrukturen und „Innereien",
- den **Frame**, also das äußere Erscheinungbild der Applikation und damit das, was der Anwender vom gesamten Programm zu Gesicht bekommt, und
- den **View**, der den Mittler zwischen Document und Frame darstellt, und den man begreifen kann als den gerade interessierenden Ausschnitt des Documents, der mit Hilfe des Frame dargestellt wird.

In den MFC gibt es eine ganze Reihe von Klassen, die diese Aufteilung unterstützen und insbesondere Methoden und Strukturen bereithalten, die sich um den reibungslosen Austausch von Daten zwischen den drei Gruppen Document, Frame und View kümmern.

### 3.1.2 Warum gibt es die Doc-Frame-View-Strukturierung?

Eine jede Strukturierung verlangt vom Programmierer zusätzlichen Arbeitsaufwand und Hirnschmalz, da die damit einhergehende Abstraktion immer auch viel Erfahrung und Urteilsvermögen erfordert. Bei dem heute üblichen Komplexitätsgrad von Applikationen sind zusätzliche Hierarchien oder Strukturierungen einfach ein Ding der Notwendigkeit, weil ohne sie kein Programm mehr wartbar wäre und auch nicht durch eine Vielzahl (und nicht nur einen) Programmierer erstellt werden könnte. Die zusätzlichen Strukturebenen verlagern die Komplexität der Applikation von der Implementierung in die **Planung**; sie sind somit schneller erstell- und änderbar, und es besteht nicht die Gefahr, daß die Übersicht über das Gesamtprogramm oder deren Teile verlorengeht. Außerdem braucht nicht jeder der beteiligten Programmierer über alles Bescheid zu wissen, was auch überhaupt nicht realisierbar wäre.

## 3.1.3 Vorgehensweise bei der Strukturierung

Sie werden im Lauf Ihres Programmiererlebens aller Wahrscheinlichkeit immer komplexere Programme erstellen und/oder solcherart strukturierte Fremdprogramme verstehen müssen. Insofern ist das grundsätzliche Verständnis der Doc-Frame-View-Architektur von großer Bedeutung, da Ihnen sonst diese Hierarchie der Programmstrukturierung unverständlich bliebe. Sie erkennen diese Aufteilung allein schon bei einem Blick in Ihr Projektverzeichnis, zum Beispiel von **Tut1**[55]. Dieses Beispiel ist mit AppWizard erstellt worden, der von Haus aus schon eine Unterteilung in diese Hierarchiestufen vornimmt und durch automatisch eingefügten Code selbst schon das Interface zwischen diesen drei Gruppen implementiert. Sie können also praktisch wie gewohnt weiterprogrammieren. Sie müssen sich nur vorher klarmachen, zu welchem der einzelnen Gruppen jede Ihrer Klassen gehört. Möchten Sie zum Beispiel in einem Malprogramm unter vielen Polygonen je eines in Ihrem Fenster darstellen, so unterteilen Sie wie folgt: die Punktearrays, die all Ihre Polygone in Koordinaten speichern, legen Sie im Doc-Teil ab. Die Klasse, mit deren Hilfe Sie ein Polygon auf dem Bildschirm malen, packen Sie in den Frame-Teil, zusammen mit den Menü- (und sonstigen ähnlichen) Darstellungsmethoden. Die Klassen und Methoden, die dem Anwender die Auswahl des richtigen Polygons ermöglichen, stehen dann im View-Teil.

Sie können die Unterteilung sogar noch weiter führen, was aber erst für größere Projekte einen Sinn hat. So finden Sie im **HIERSVR**-Beispiel des MSVC noch eine feinere Unterteilung (insbesondere des Doc-Teils): ein Einzelknoten von **HIERSVR** wird durch die (direkt von **CObject** abgeleitete) **CServerNode**-Klasse behandelt und in den **SVRITEM**-Files gespeichert. Die OLE-Fähigkeit[56] von **HIERSVR** wird durch eine Implementierung der **COleIPFrameWnd**[57]-Klasse sichergestellt, die Sie in den **IPFRAME**-Files finden. In diesem Beispiel bekommt ein Dialog auch einen eigenen Hierarchiezweig „verpaßt": der Dialog zum Vergrößern oder Verkleinern der Bildschirmausgabe (in den **ZOOMDLG**-Files).

Solcherart feinere Unterteilung der Doc-Frame-View-Architektur ist für den uneingeweihten Programmierer anfänglich sehr undurchsichtig. Das wichtigste bei der Erarbeitung der Struktur solcher komplexer Programme ist, sich zuerst einmal die Klassenhierarchien innerhalb der Doc-Frame-View-Teile zu vergegenwärtigen und dann immer weitere Verästelungen aufzuspüren. Hat man erst einmal einen Überblick über die Interdependenz aller verwendeten Klassen, kann man sich an die Analyse der Doc-, View- und Frame-zugehörigen Unterklassen machen (in dieser Reihenfolge). Dann muß man sich darüber klar werden, wie die einzelnen Klassen miteinander zusammenhängen, durch welche

---

[55]Die Datenstrukturen finden Sie in `tut1doc` (je `*.h` und `*.cpp`), das Aussehen des (einzigen Haupt-) Fensters in `mainfrm`, die Bearbeitung des aktuellen Datenausschnittes in `tut1view`. Zusätzlich finden Sie noch die Resourcen definiert in `resource.h` und `tut1.rc` (und im Verzeichnis `res`). Ihre Applikationsklasse residiert in `tut1` (sie fungiert als Einbettung der Doc-Frame-View-Teile), standardmäßig vordefinierte und immer gebrauchte Programmteile finden Sie in `stdafx`.

[56]OLE: Object Linking and Embedding, siehe „3.3.4 Objekte verbinden und einbetten - OLE", ab Seite 89.

[57]`COleIPFrameWnd` ist von `CFrameWnd` abgeleitet und implementiert Fähigkeiten zum sog. In-Place-Editing mit OLE. In `HIERSVR` wird eine eigene Klasse namens `CInPlaceFrame` von `COleIPFrameWnd` abgeleitet und den Programmerfordernissen entsprechend ausprogrammiert (in den `IPFRAME`-Files).

Verfahren sie also miteinander Daten oder Nachrichten austauschen. Erst dann sollte man sich einzelne Klassen vornehmen und deren Methoden analysieren.

## 3.2 Einfach- und Mehrfachdokumente - SDI und MDI

### 3.2.1 Begriffserklärung

Hinter den Kürzeln SDI und MDI verbergen sich „Single Document Interface" und „Multiple Document Interface". Ohne es bisher explizit zu erklären, wurde SDI in den Beispielprogrammen verwendet. SDI und MDI sind Dokumentkonzepte, die weitgehenden Einfluß auf die Funktionalität von Applikationen haben:

- SDI unterstützt nur ein einziges Dokument (aber eventuell mehrere Dokumenttypen[58]). SDI-Applikationen besitzen daher nur eine **CDocument**-Instanz, also nur ein Dokument-Objekt. Sichtbar wird dieses Konzept für den Anwender insofern, als es nur ein Hauptfenster hat.

- MDI unterstützt mehrere Dokumente und mehrere Dokumenttypen. Der Anwender kann mehrere Dokumente gleichzeitig geöffnet haben. Beispiel: WinWord und der Windows-Dateimanager. Dieses Konzept wird in der überwiegenden Anzahl der Applikationen eingesetzt, ist aber etwas komplexer als SDI.

Jedes normale C++-Programm besitzt eine (einzige) Instanz einer Applikationsklasse, die von **CWinApp** abgeleitet wurde. In dieses Applikationsobjekt betten sich Document, Frame und View ein (siehe vorheriges Kapitel). Zusätzlich müssen diese drei separaten Teile noch miteinander verbunden werden, damit sie untereinander Daten austauschen können; schließlich muß der Frame ja wissen, was denn überhaupt dargestellt werden soll, und dazu braucht er die Hilfe der Document- und View-Teile. Genau hier, in das Interface von Document, Frame und View, greifen die Konzepte SDI und MDI. Sie bestimmen, auf welche Art und mit welcher Funktionalität dieses Interface implementiert wird. Auf Englisch heißt dieses spezielle Interface auch „Document Template".

### 3.2.2 Implementierung des SDI-Konzeptes

In dem **Tut1**-Beispiel finden Sie in der Implementierung der Applikationsklasse folgende Zeilen (in **Tut1.cpp**):

```
CSingleDocTemplate* pDocTemplate;
   pDocTemplate = new CSingleDocTemplate(
        IDR_MAINFRAME,
        RUNTIME_CLASS(CTut1Doc),
        RUNTIME_CLASS(CMainFrame),      // main SDI frame window
        RUNTIME_CLASS(CTut1View));
   AddDocTemplate(pDocTemplate);
```

Hiermit etablieren Sie die korrekte Verbindung **zwischen Klassen**, hier von **CTut1Doc**, **CMainFrame** und **CTut1View** in einer **CSingleDocTemplate**-Klasse. Das „Single" im

---

[58]Ein Dokumenttyp ist eine bestimmte Art von Dokument. Zum Beispiel kennt der MSVC C- und C++-Files, die zwei verschiedene Dokumenttypen sind. Üblicherweise erkennt ein Programm den Typ anhand seiner Dateiextension, hier *.c und *.cpp. Ein weiterer Dokumenttyp ist z.B. der *.rc-Typ, der mit AppStudio erzeugt und gewartet werden kann.

Klassennamen drückt es schon aus: die Verbindung basiert hier auf dem SDI-Konzept. Bei Ausführung dieser Programmzeilen besteht zwar schon das Applikationsobjekt (natürlich), aber die Doc-Frame-View-Klassen sind noch nicht instantiiert. Damit trotzdem alles jetzt schon verbunden werden kann, dafür sorgen die RUNTIME_CLASS-Makros, zusammen mit den Makros zur dynamischen Deklaration und Definition der zu verbindenden Klassen (DECLARE_DYNCREATE[59] und IMPLEMENT_DYNCREATE[60]).

### 3.2.3 Implementierung des MDI-Konzeptes

Eine MDI-Applikation könnte wie folgt implementiert werden[61]:

```
AddDocTemplate( new CMultiDocTemplate(
   IDR_SHEETTYPE,
   RUNTIME_CLASS( CSheetDoc ),
   RUNTIME_CLASS( CMDIChildWnd ), // standard MDI Child window
   RUNTIME_CLASS( CSheetView ) ) );

AddDocTemplate( new CMultiDocTemplate(
   IDR_NOTETYPE,
   RUNTIME_CLASS( CNoteDoc ),
   RUNTIME_CLASS( CMDIChildWnd ),
   RUNTIME_CLASS( CNoteView ) ) );
```

Hier werden nicht nur zwei Dokumenttypen (Sheet und Note) eingebunden, sondern auch gleich zwei Views (was möglich, aber nicht zwingend erforderlich ist.). Der eigentliche Unterschied der beiden Document-Template-Klassen ist aber, daß CMultiDocTemplate (im Gegensatz zu CSingleDocTemplate) die gleichzeitige Existenz mehr als nur eines Dokument-Objektes erlaubt.

Die Unterfenster, die jeweils ein Dokument enthalten, heißen „Child-Windows". MFC stellt für deren Darstellung unter MDI die spezielle Klasse CMDIChildWnd zur Verfügung.

Ein Beispiel für ein MDI-Programm finden Sie unter den MFC-Beispielprogrammen. Starten Sie MDI: Sie können beliebig viele Fenster öffnen, in denen schwarze Bälle mit unterschiedlichen Geschwindigkeiten im Fenster hin- und herspringen.

## 3.3 Kommunikation und Datenaustausch zwischen Windows-Applikationen

Seit es Multitasking-Betriebssystemen gibt, hat sich ein ganz neues Feld von Aufgaben aufgetan, deren Erfüllung der Anwender wünscht. Darunter fällt vor allen Dingen die Kommunikation und der Datenaustausch zwischen verschiedenen Programmen. So sollte es z.B. möglich sein, Text von Write zu WinWord zu übertragen, oder die grafisch ansprechende Darstellungsweise von WinWord von einer eigenen Applikation anzusteuern und zu benutzen, oder ein CorelDraw-Objekt aus einem WinWord-Text heraus zu bearbeiten und aktualisieren. All diese Wünsche können nur dann erfüllt werden, wenn Kommunikations- und Datenkanäle zwischen Programmen etabliert und benutzt werden können. Dazu stellt Windows (respektive Microsoft) verschiedene Verfahren zur Verfügung, deren sich ein Programmierer bedienen kann. Sie gliedern sich in mehrere Ebenen unterschiedlicher Komplexität und

---

[59]DECLARE_DYNCREATE finden Sie in den *.H-Files von Tut1Doc, Tut1View und MainFrm.
[60]IMPLEMENT_DYNCREATE finden Sie in den *.CPP-Files von Tut1Doc, Tut1View und MainFrm.
[61]Beispiel aus der Online-Help

Funktionsumfanges. Das **Clipboard** ist eine sehr einfache und beschränkte Art des Datenaustausches, wohingegen **DDE**[62] und **OLE**[63]schon sehr komplexe Datenkanäle und Austauschverfahren etablieren. Zuerst gilt es jedoch ein paar Begriffe zu erläutern.

## 3.3.1 Begriffe rund um die Programm-Kommunikation

Zunächst gilt es zwischen den beiden Kommunikationspartnern zu unterscheiden: dem Client und dem Server. Der Client ist das „Chef-Programm" (auch Empfänger oder Destination genannt), das seinen Untergebenen, den Server (die Quelle oder Source), um dessen Mithilfe ersucht. Der Server spielt dabei das Arbeitspferd, das die geforderten Daten bereitstellt oder bereits vorhandene verändert[64]. Nach getaner Arbeit dann stellt der Server dem Client devot seine Ergebnisse zur Verfügung. Was der Client mit diesen Ergebnissen macht, ist von der Kommunikationsebene oder -art abhängig (Clipboard, DDE oder OLE), die wiederum dadurch bestimmt ist, wie abstrakt die Datenschnittstelle zwischen Client und Server definiert ist. Auf alle Fälle verleibt sich der Client aber die Server-Ergebnisse ein; für den Anwender ist nicht sofort ersichtlich, daß hier gar nicht der Client, sondern einer seiner Server die ganze Arbeit geleistet hat. So weit, so gut; komplizierter wird es aber, wenn Applikationen gleichzeitig Client und Server sind (wie WinWord etwa), und wenn die Kommunikation über Clipboard, DDE und OLE erfolgen kann.

Server ist nicht gleich Server; es gibt Full Servers und Miniservers. Erstere haben ihre Daseinsberechtigung nicht nur mit dem „Chef", einem Client also, sondern können auch als Stand-alone-Applikation sinnvoll verwendet werden. Die HIERSVR-Applikation ist zum Beispiel ein solcher Full Server. Miniserver dagegen sind nichts ohne einen Client; sie können keine Files laden oder speichern, und üblicherweise unterstützen sie nicht das Clipboard.

In der Kommunikationswelt heißen Objekte auch Items. Darunter versteht man vor allen Dingen Datenstrukturen, die zwischen Clients und Servers hin- und hergeschoben werden können. Diese Datenstrukturen liegen im allgemeinen in unterschiedlichen Typen vor (Text, Bitmaps, JPEG-Grafiken, WAV-Audiodaten usw.). Hier liegt der casus cnacktus in der Wahl der Kommunikationskanäle: werden nur einige Standard-Formate benutzt, kann man das Clipboard verwenden. Sollen dagegen benutzerdefinierte Strukturen übertragen werden, die Client und Server zur Compilezeit schon bekannt sind, empfiehlt sich DDE. Müssen jedoch Daten ausgetauscht werden, deren Struktur absolut variabel ist, hilft nur der Griff zu OLE. Der OLE-Server hat dabei eine ähnliche Aufgabe wie der Gärtner eines Königs, der selbst von Pflanzen und deren Pflege nicht ein bißchen Ahnung hat. So muß der König (der Client) jedesmal, wenn er seinen Schloßgarten in Form bringen will, vertrauensvoll den Gärtner (den Server) bemühen.

Es gibt einen gewichtigen Unterschied zwischen Einbettung und Verbindung. Eingebettete Objekte befinden sich ganz im Dokument des Client, verbundene Objekte nicht. Sie liegen vielmehr irgendwo auf der Festplatte und werden bloß bei Bedarf eingeladen. Es besteht nur ein Link zu ihnen, eine Art Zeiger, meist in Form einer DOS-Pfadangabe. Ihr Vorteil ist, daß sie „schneller" als eingebettete Objekte sind (sie nehmen keinen zusätzlichen Speicherplatz ein), sie nachträglich leichter geändert werden können und Datenredundanz vermeiden. Nachteilig ist, daß sie manchmal „vergessen" werden können, etwa bei Dateikopien, weil sich der Anwender nicht mehr einer Einbettung bewußt ist. Ein Vorteil kann auch zum Nachteil werden: verbundene Objekte können ungewollt und unbemerkt vom Vater-Dokument verändert werden.

---

[62]DDE: Dynamic Data Exchange, Dynamischer Datenaustausch
[63]OLE: Object Linking and Embedding, Objekte verbinden (auch: verknüpfen) und einbetten
[64]Ein Beispiel: in WinWord können Sie ein PaintBrush-Bild einbetten (mit OLE). Hierbei ist WinWord der Client, PaintBrush der Server.

Aus der tiefen Programmierküche kommen noch einige Begriffe, etwa das Handle. Ihm begegnet man fast überall in der Windows-Programmierung. Ein Handle bezeichnet einen Speicherblock. Stellen Sie ihn sich als einen Hotelzimmerschlüssel vor, mit dem Zimmer als dem Speicherbereich. Nur über den Schlüssel haben Sie Zutritt zum Zimmer. Mit der Windows-Funktion `GlobalLock` (und dem Handle als Argument) schließen Sie das Zimmer auf. Sie erhalten dann einen Pointer, mit dem Sie direkten Zugriff auf den Speicherbereich erhalten. Die Zimmer können sich in zwei Hotels befinden: dem kleinen Local Heap und dem wesentlich geräumigeren Global Heap. Zu den (Mini-Appartements) des Local Heap hat nur die Applikation Zugriff, die sie gebucht hat. Im Global Heap dagegen gibt es sogar Präsidentensuiten (Speicherbereiche größer als 64kB); dort können Sie auch von anderen Applikationen besucht werden (auch andere Programme können auf diesen Speicherbereich zugreifen; das Flag `GMEM_DDESHARE` bei der Speicherallozierung mit `GlobalAlloc` kopiert den Zimmerschlüssel quasi für andere Programme mit, so daß sie das Zimmer betreten können). So findet dann auch die Kommunikation zwischen Applikationen statt - auch im wahren Leben ist ein gemeinsamer Treffpunkt zur persönlichen Verständigung notwendig.

## 3.3.2 Das Clipboard

Das Windows-Clipboard stellt man sich am besten als eine Art Briefkasten mit mehreren Fächern vor, für jedes Fach als Ablage nur eines Datentyps. Von diesen gibt es eine ganze Menge (wie Text, DDBs[65], DIBs[66], Farbpaletten und andere mehr). Beide über das Clipboard datenaustauschende Programme müssen die verwendeten Datentypen kennen, was aber meist keine Einschränkung darstellt.

Der Austausch verlangt nach viel Anwenderaktion: der muß nämlich einen Datenbereich in Programm A markieren, ins Clipboard verschieben, Programm B aktivieren und aus dem Clipboard einfügen. Hier wird schon einsichtig, daß das Clipboard für intensiven Datenaustausch absolut ungeeignet ist; ebenso vermißt man eine Automatisierungsmöglichkeit.

Da es nur ein einziges Clipboard gibt, ist die Kommunikation darüber weder besonders privat noch persistent. Eine schreibende Applikation (i.A. der Server) öffnet zuerst das Clipboard und besitzt es dann exklusiv. Nun kann sie die ihren Datentypen entsprechende Fächer des Clipboards mit Handles füllen, die die auszutauschenden Speicherblöcke identifizieren. Dann schließt sie das Clipboard wieder; die bezeichneten Datenblöcke gehen damit in den Besitz des Clipboards über. Die lesende Applikation (der Client) öffnet das Clipboard dann wieder und sieht die Fächer nach interessierenden Datentypen durch. Hat sie ein genehmes Format gefunden, verschafft sie sich mit Hilfe des abgelegten Handles die gewünschten Daten und schließt das Clipboard daraufhin. Der gesamte Zyklus kann dann von vorne beginnen.

Die Vielfalt der Datentypen oder -formaten hat übrigens ihren Sinn darin, daß die Wahrscheinlichkeit stark erhöht wird, daß sich Client und Server verständigen können, wenn gleiche Daten in verschiedenartigen Formaten angeboten werden. Ein Pferdefuß dieser Vorgehensweise ist aber, daß unter Umständen viel Speicher verbraucht wird, insbesonders bei sehr großen Datenblöcken. Hier gibt es Abhilfe in Form des sog. Rendering: im Clipboard steht dann nicht mehr das Handle des (sehr großen) Datenblockes, sondern nur eine kleine Note (in Form einer an den Server zu schickenden Nachricht namens `WM_RENDERFORMAT`). Diese Note veranlaßt den Server erst jetzt, das Handle an das Clipboard weiterzugeben, das es dann seinerseits an den Client übergibt.

Prinzipiell funktioniert die Clipboard-Programmierung etwa wie in folgendem Beispiel:

---

[65]DDB: Device Dependant Bitmap, Geräteabhängige Bitmap
[66]DIB: Device Independant Bitmap, Geräteunabhängige Bitmap

```
// In das Clipboard die Zeichenkette psz kopieren ...
HANDLE hClipObj;
LPSTR lpClipObj;
if (hClipObj=GlobalAlloc(GMEM_MOVEABLE | GMEM_ZEROINIT,
                         strlen(lpsz)+1))
  if (lpClipObj=GlobalLock(hClipObj))
  {
    strcpy(lpClipObj, lpsz);
    GlobalUnlock(hClipObj);
    if (OpenClipboard(hwnd))
    {
      if (EmptyClipboard()) SetClipboardData(CF_TEXT, hClipObj);
      CloseClipboard();
    }

  }
  else GlobalFree(hClipObj);

// ... und aus dem Clipboard lesen ...
HANDLE hClipObj;
LPSTR lpClipObj;
if (OpenClipboard(hwnd))
{
  if (IsClipboardFormatAvailable(CF_TEXT) ||
      IsClipboardFormatAvailable(CF_OEMTEXT))
    if (hClipObj=GetClipboardData(CF_TEXT))
      if (lpClipObj=GlobalLock(hClipObj))
      {
        //... und hier kommt die Bearbeitung von lpClipObj
        GlobalUnlock(hClipObj);
      }
  CloseClipboard();
}
```

Konsultieren Sie die umfangreichen Hilfstexte der SDK-Online-Help für Details.

### 3.3.3 Dynamischer Datenaustausch - DDE

Da, wo die Clipboard-Fähigkeiten aufhören, fängt DDE erst an. Mit Hilfe dieses Konzeptes ist es bis in sehr komplexe Ebenen hinein möglich, Daten vollautomatisch zwischen verschiedenen Programmen hin- und herzuverschicken. Daß dem Programmierer dabei eine große Frustrationstoleranz abverlangt wird, ist bei Microsoft-erstellten APIs ja keine Neuheit. Aber gegen OLE ist DDE ja noch ein angenehmer Sonntagsspaziergang ...!

Hier will ich nur die Grundzüge der DDE-Implementierung erklären. Wer DDE häufig und in komplexen Konfigurationen braucht, sollte sich in die Programmierung der DDEML (siehe unten) einarbeiten.

#### 3.3.3.1 Etablieren eines DDE-Kanals

Stellen Sie sich DDE wie ein Gespräch zwischen Menschen vor. Der Client ist hier der Zuhörer, der Server der Sprecher. Der Zuhörer möchte vom Sprecher etwas erfahren (seine Datenblöcke nämlich). Zwei Informationen braucht der Client zum Initiieren des Gesprächs: den Namen des Servers und das Gesprächsthema (das Topic, meist eine Datei, deren Typ durch ihre Extension festgestellt wird). Dazu sendet der Client die DDE-Nachricht **WM_DDE_INITIATE** an die Hauptfenster aller Applikationen in der Hoffnung, daß sich „sein" Server schon melden wird. Sofern geladen (!), antwortet er dann auch mit einer Bestätigung (englisch: acknowledgement) in Form einer **WM_DDE_ACK**-Nachricht und positiver Quittierung. Hiermit ist ein DDE-Kanal etabliert, und dem Datenaustausch steht - fast - nichts mehr im Wege.

### 3.3.3.2 Datenaustausch auf dem DDE-Kanal

Die eigentliche Kommunikation kann erst stattfinden, wenn der Client dem Server **genau** mitgeteilt hat, was für Daten er denn nun haben will. Zugegeben, das Topic liegt schon fest; doch welche der in der Topic-Datei eventuell enthaltenen eintausend Adressen sollen denn übergeben werden? Hier muß sich der Client im Klaren darüber sein, wie die Server-verwalteten Daten denn überhaupt aussehen. Er muß die gültigen Topics genauso kennen wie die Syntax der Itembeschreibungen des Servers. In einem Gespräch bekommt auch nur der sinnvolle Antworten, der intelligente Fragen stellt. Sie als Programmierer müssen also die Datenstrukturen des Servers und deren Items genau kennen, ehe Sie sich an die DDE-Implementierung wagen. Steht dies alles fest, fragt der Client mittels **WM_DDE_REQUEST** und den Informationen über das Item und dessen Format beim Server an. Nun ist der Server am Zug: entweder versteht er den Client sofort und schiebt die gewünschten Daten mittels **WM_DDE_DATA** durch Angabe des Datenhandle herüber. Oder er versteht den Client nicht, was an einem nicht unterstützten Format liegen kann, und schickt statt der Daten eine **WM_DDE_ACK**-Nachricht mit negativer Quittierung. Daraufhin kann der Client seine Formatangabe noch einmal überdenken und mit modifizierten Argumenten noch einmal mittels **WM_DDE_REQUEST** von vorne beginnen. Hat der Client aber wunschgemäß seine angeforderten Daten erhalten, kann er weiterfragen - wiederum mit **WM_DDE_REQUEST**. Beachten Sie dabei, daß beide Applikationen sich bei ihrer Kommunikation im gleichen Zimmer aufhalten müssen - erlauben Sie also gemeinsamen Speicherzugriff durch Angabe des **GMEM_DDESHARE**-Flags bei der Speicherallozierung.

### 3.3.3.3 Beendigung der DDE-Verbindung

Irgendwann hat der Client alles Wissenswerte erfahren und möchte nun die Kommunikation mit seinem Server unterbrechen. Er tut dies, indem er eine **WM_DDE_TERMINATE**-Nachricht an ihn versendet. Daraufhin sendet der Server seinerseits dieselbe Nachricht an den Client, und die DDE-Verbindung ist damit beendet.

Zusammenfassend hat in etwa folgendes Gespräch stattgefunden:

Anwender - [startet den Client WinWord und den Server CorelDraw] „So, jetzt unterhaltet Euch gefälligst. Ich will 'ne Grafik in meinen Text einbetten."

Client - „Hallo CorelDraw, wo bist Du? Ich will mich mit Dir über die CorelDraw-Grafikdatei **SuperPic.CDR** unterhalten! (**WM_DDE_INITIATE**)"

Server - „Ich bin hier. Wir können loslegen! (**WM_DDE_ACK**)"

Client - „Also, aus dem **SuperPic.CDR** hätte ich gerne die rechte obere Ecke. (**WM_DDE_REQUEST**)"

Server - „Ok, hier hast Du sie. [übergibt das Handle mit **WM_DDE_DATA**]"

Client - „Danke, tschüß dann! (**WM_DDE_TERMINATE**)"

Server - „Alles klar, tschüß! (**WM_DDE_TERMINATE**)"

### 3.3.3.4 Zusätzliche DDE-Features

Wie Sie vielleicht schon befürchtet haben, ist das längst noch nicht alles - um der Wahrheit zu genügen, war das bisher beschriebene Verfahren das grundsätzlichste und einfachste, was DDE so zu bieten hat: ein cold link. Folgende Verbindungsarten gibt es: eben den

- cold link. Hier findet nur reiner Datenaustausch statt, der Client erfährt daher auch nicht, ob sich zu späterer Zeit noch etwas an den gerade ausgetauschten Daten ändert. Daneben existiert noch der
- hot link. Hier wird quasi eine „Standleitung" zwischen Client und Server gelegt, und der Client (vor allen Dingen dessen eingebundene Daten) können ständig aktualisiert werden. Statt mit **WM_DDE_REQUEST** geht der Datenaustausch über die Nachricht **WM_DDE_ADVISE**. Der Server verschickt jedes Mal bei Änderung der ausgetauschten Daten den aktualisierten Block per **WM_DDE_DATA** an den Client. Ein Zwischending beider Links ist der
- warm link. Hier wird der Client zwar auch von jeder Änderung in Kenntnis gesetzt (wie beim hot link). Ihm wird jedoch lediglich mitgeteilt, **daß** dem so ist, aber nicht auch gleich automatisch die aktualisierten Daten aufs Auge gedrückt.

Ein wirklich bemerkenswertes Feature von DDE soll nicht verschwiegen werden: mittels **WM_DDE_EXECUTE** vermag ein Client, Befehle seines Servers (quasi ferngesteuert) zur Ausführung zu bringen. Haben Sie zum Beispiel einen Client geschrieben, der sich WinWord als Server nimmt, könnten Sie mit **WM_DDE_EXECUTE** und dem mitgelieferten String-Parameter `"[DateiDruckenStandard]"` WinWord zum Ausdruck eines Textes veranlassen. Generell funktionieren Programmiersprachen solcher Applikationen (wie eben WinWord) mit DDE-Hilfe. Je nach Umfang und Spezifikation solcher Execute-Interfaces können Sie sich verschiedenste Server-Funktionalitäten in Ihren eigenen Applikationen zunutze machen. Die jeweilige Programmdokumentation sollte Ihnen nähere Auskünfte zu diesem Thema geben können.

Den gesamten DDE-Verkehr können Sie übrigens „belauschen", indem Sie den **DDESpy** des MSVC starten. Sollten Sie wirklich DDE programmieren (müssen), kann er Ihnen auch gute Dienste als Debug-Hilfe geben.

### 3.3.3.5 Die DDEML

Neben der hier beschriebenen Implementierung von DDE-Features gibt es seit Windows 3.1 eine eigene DLL, die die Behandlung insbesonders komplexer DDE-Verbindungen stark vereinfachen kann. Sie heißt DDEML (für DDE Management Libraries) und baut vollständig auf DDE auf. Das oben beschriebene DDE-Konzept bleibt also; was sich ändert, ist die programmtechnische Vorgehensweise. Ich gehe hier nicht näher auf sie ein.

Der große Vorteil der DDEML ist, daß es automatische Unterstützung von cold links, hot links, multiplen Konversationen und anderen recht abstrakten Kommunikationsarten bietet. Für die „kleine Anwendung von nebenan", die nur ein bißchen Daten austauscht, hieße DDEML, mit Kanonen auf Spatzen zu schießen. DDEML wird aber von Microsoft weiterentwickelt, und wahr ist sicher auch, daß man - einmal firm in der DDEML! - alles recht einfach und schnell realisieren kann, was das DDE-Konzept so bietet.

## 3.3.4 Objekte verbinden und einbetten - OLE

### 3.3.4.1 Anwendung

Sie haben sicher schon einmal mit OLE gearbeitet - etwa bei WinWord, indem Sie den Menüpunkt *Einfügen/Objekt* und Ihr gewünschtes Objekt ausgewählt haben. WinWord hat dann per OLE die zugehörige Applikation gestartet - etwa CorelDraw. In dieser Applikation haben Sie dann ein Bild gezeichnet. Dann haben Sie CorelDraw wieder verlassen, woraufhin Sie per Dialog gefragt wurden, ob die Verbindung zu dem gerade erstellten Objekt getrennt werden soll. Haben Sie bejaht (oder *Datei/Aktualisieren* ausgewählt), wurde CorelDraw wieder geschlossen, und wie durch Zauberhand befanden Sie sich mit dem soeben erstellten Bild wieder in Ihrem WinWord-Text. Für die Steuereung dieser Aktionen zeichnet OLE verantwortlich. Dabei verweisen die Bezeichnungen „Linking" und „Embedding" auf die beiden prinzipiell unterschiedlichen Möglichkeiten der Ankopplung von Objekten, dem Verbinden (oder Verknüpfen) per Referenz und dem Einbetten aller Objektdaten in Form eines Bytestroms (siehe oben). Für den Client sind die verbundenen oder eingebetteten Objekte nichts als gesichtsloser Byte-Müll. Um die Darstellung dieses „Mülls" kümmert sich ausschließlich der Server, der quasi der Spezialist für deren Editierung und Darstellung ist.

### 3.3.4.2 Programmtechnische Voraussetzungen

Mit OLE soll das Verbinden und Einbetten beliebiger Objekte in beliebige Dokumente möglich werden. Da diese Aufgabe ganz schnell ganz komplex werden kann, wird ständig an OLE verbessert - mittlerweile gibt es OLE2, das zwar fähiger als deren Version 1.0 ist, aber immer noch sehr schwer programmierbar ist, wenn nicht auf die komplexen Features verzichtet werden kann. Voraussetzung ist dabei, daß so kommunizierende·Programme beide OLE-fähig sind. Wiederum unterscheidet man zwischen OLE-Client und OLE-Server.

#### 3.3.4.2.1 Die DLLs OLECLI und OLESVR

Zur Unterstützung der OLE-Fähigkeiten hat Microsoft dem Client die `OLECLI.DLL` zur Seite gestellt, dem Server wird mit der `OLESVR.DLL` unter die Arme gegriffen. Diese DLLs verstecken die gesamte Nachrichten- und Datenaustauschprotokolle vor den Client- und Serverapplikationen. Interessanterweise erfolgt diese Low-Level-Verbindung zwischen den beiden DLLs mit Hilfe von DDE und dem Clipboard. OLE ist demnach ein auf diesen Konzepten basierendes neues API - derzeit, denn Microsoft behält sich dahingehende Änderungen vor. Da diese Funktionalität jedoch per `OLECLI`- und `OLESVR.DLL` gekapselt und verborgen ist, würde der Anwender glücklicherweise nichts von solchen Änderungen erfahren.

#### 3.3.4.2.2 Server-Registrierung in REG.DAT

OLE soll seine Funktionalität voll entfalten können, ohne daß spezielle Applikationen genau wissen müßten, daß andere spezielle Applikationen OLE unterstützen. Es muß also eine Art Forum geben, in dem alle OLE-fähigen Programme ihre Bereitschaft kundtun, mit anderen Programmen dieser Art in Kommunikation zu treten. Dieses „Schwarze Brett" existiert in Form der `REG.DAT`-Datei in Ihrem *Windows*-Verzeichnis. Sie können dessen Inhalt mit `REGEDIT` ansehen und verändern[67]. Hier liegt systemweit fest, was die einzelnen Server

---

[67]Starten Sie `REGEDIT.EXE` mit der `/V`-Option, dann erhalten Sie die erweiterte Darstellungsweise. Legen Sie dazu im Dateimanager die Startoptionen mit *Datei/Ausführen...* entsprechend fest.

für OLE-Fähigkeiten haben. Insbesonders werden hier der Pfad und Name des OLE-fähigen Servers und dessen Verben abgelegt. Verben beschreiben die Tätigkeiten, zu denen der Server fähig ist, etwa „Edit" (für fast alle Programme), oder „Play" für den Windows-Soundrecorder. Als Programmierer müssen Sie ebenfalls Zugriff auf die REG.DAT haben - logischerweise, weil Sie ja sonst nichts über die OLE-Features der im System vertretenen Server erfahren könnten. Hier bietet die SHELL.DLL ihre Dienste an; Funktionen wie RegOpenKey und RegQueryValue ermöglichen Ihnen den komfortablen Zugriff auf das Schwarze Brett REG.DAT.

### 3.3.4.3 Ausblick

Mit neueren OLE-Versionen soll es möglich sein, nicht nur rechteckige Ausschnitte in Ihr Client-Dokument einzufügen. Prinzipiell gibt es auch jetzt schon die Möglichkeit zu nested embedding and linking-, geschachtelte Objekte, also etwa ein CorelDraw-Objekt in einem WinWord-Dokument, in dem sich noch ein Excel-Dokument befindet, in dem sich noch ein WinWord-Objekt befindet ... Das Spiel ist beliebig weit zu treiben - prinzipiell, denn die Systemressourcen werden dabei ebensowenig geschont wie die Nerven des Anwenders und der Programmierer. Außerdem soll die strikte Trennung von Objekt und umgebenden Client-Dokument gelockert werden können. So soll ein Objekt sich auf seine Umgebung einstellen können (Property negotiation), und logisch zusammengehörige Objekte und Unterobjekte (wie etwa WinWord-Text und CorelDraw-Beschriftungen) sollen später auch gemeinsam bearbeitet werden können. Um dies alles meistern zu können, führte Microsoft die sog. Moniker ein. Dieser am ehesten mit „Kaiser Wilhelm" (Ihr „Kaiser Wilhelm" ist Ihre Unterschrift!) übersetzbare Moniker stellt eine neue Objektreferenz dar (wie auch ein Handle, ein Pointer oder eine Pfadangabe). Die „Unterschriften" als Objektreferenz (also die Moniker) sollen dann die Verwaltung auch verschachtelter Objekte und Verbindungen zwischen ihnen ermöglichen. Eine insgesamt sehr komplizierte Materie also ...

Es gibt mit OpenDoc schon ein IBM-Apple-Konkurrenzprodukt zu OLE. Ob es sich auch am Markt gegen das schon eingeführte OLE behaupten kann, steht noch nicht fest. Auf alle Fälle wird der Markt der ComponentWare mit Verbundsoftware wie OLE oder OpenDoc erst ermöglicht. Das Konzept dahinter ist sehr einfach und wird schon von der Industrie vorgelebt: Lean Production and Management. Monsterapplikationen, die hundert(e) Megabytes Plattenspeicher belegen und erst ab 16 MB RAM (wenn überhaupt...) vernünftig funktionieren, sind in Zukunft out. Angesagt sind dagegen kleine funktionsbeschränkte Applikationen, die sich ihre fehlenden Features einfach per Nachrichten- und Datenaustausch von anderen kleinen Applikationen „ausborgen". Vorteil ist hier, daß eine einheitliche Oberfläche benutzt werden kann (Stichwort: In-Place-Editing, also das Bearbeiten fremder Dokumente in der Client-Applikation) und wertvolle Systemressourcen geschont werden können. Nachteilig ist vor allen Dingen der Verwaltungsaufwand, der für ein reibungsloses Zusammenspiel aller möglichen Komponenten notwendig ist. Genau daran hapert es nämlich derzeit. Wie auch an der Programmiermöglichkeit selbst, denn der Berg, durch den sich Entwickler mühselig beißen müssen, um ins gesegnete Land ComponentWare-Unterstützung zu gelangen, ist so groß, daß es nur sehr wenige ernsthaft probieren.

# 4    Schlußbemerkung

## 4.1   Windows als modernes Betriebssystem?

Neben Windows Version 3.1 existieren für IBM-kompatible Computer noch weitere durchaus ernstzunehmende Betriebssystem-Alternativen (oder sollen demnächst erscheinen):
- Windows NT
- OS/2
- Windows 95
- Linux für IBM-Kompatible (und andere Unix-Varianten)

Sie sind insbesonders wegen der nur marginal vorhandenen Multitaskingfähigkeiten von Windows 3.1 in Zukunft eine ernsthafte Alternative. Windows 95 wird nur ein Übergangsbetriebssystem sein, dessen Nachfolger mit Windows NT schon feststeht. Heutzutage ist nur noch keinem Anwender ein schneller Pentium-Rechner mit 24 MB RAM oder mehr bloß mit dem Hinweis darauf zu verkaufen, daß er dann unter NT Programme entwickeln kann.

Darüber hinaus bestehen auch noch andere Rechnerplattformen, welche die Intel-basierten IBM-Kompatiblen immer mehr in den Hintergrund zu stellen drohen:
- Workstations (SUN, DEC, Silicon Graphics, Hewlett-Packard)
- Alpha-Prozessor-basierte PC-Plattformen (Apple und IBM)
- Multiprozessor-Plattformen z.B. auf Transputer-Basis für Hochleistungsanwendungen

Die ehemals unerschwinglichen Hochleistungscomputer dringen immer mehr in auch für Privatleute erschwingliche Leistungen vor. Von Experten wird als *der* Markt der Zukunft gerne die Telekommunikations- und die Multimediafähigkeit von Hardwareplattformen angegeben.

Die Programmierung eines fensterorientierten und multitaskingfähigen modernen Betriebssystem (wie es eingeschränkt das aktuelle Windows Version 3.1 darstellt) ist eine soft- und hardwaretechnisch sehr anspruchsvolle Aufgabe. Deshalb sind im Bereich der IBM-kompatiblen PCs der derzeitige Stand der Technik vorauszusetzen. Es sollten deshalb bei hauptsächlichem Gebrauch als Programmerstellungshardware berücksichtigt werden:
- Ein schneller 486- oder Pentium-Prozessor mit viel Cache und minimal 8MB RAM.
- Bussystem unbedingt PCI (nicht VLB), möglichst SCSI-Harddisk (nicht IDE oder EIDE) mit minimal ½ GByte Speicherkapazität.
- Ein großer Bildschirm! Erst ab 17 Zoll ist ergonomisches Arbeiten möglich, besser sind 20-zöllige Monitore. Eine gute (sprich: ergonomisch sinnvolle) Grafikkarte gehört auch dazu!
- Die meiste ernstzunehmende Software wird zukünftig auf CD-ROM erscheinen. Ein schnelles SCSI-CD-ROM-Laufwerk ist demnach unbedingt empfehlenswert!

Der MSVC geht mit Systemressourcen nicht gerade zimperlich um. Folgende Tabelle mag verdeutlichen, wie sich durch einen Compilierlauf die Projektverzeichnissse aufblähen:

| Projekt | Nur Quelltexte [KB] | Anzahl Files | Nach Compilation [KB] | Anzahl Files | Vergrößerungsfaktor für Speicherverbrauch |
|---|---|---|---|---|---|
| Hello | 13.4 | 11 | 2777.7 | 22 | 207 |
| Tut1 | 31.2 | 16 | 3258.6 | 33 | 104 |
| ViewText | 25.4 | 8 | 1794.6 | 14 | 71 |
| VTDialog | 44.5 | 10 | ≈1900 | 17 | 43 |

**Tabelle 14: Projekt-Speicherverbrauch vor und nach der Compilation**

## 4.2 Windows-Programmierung unbedingt mit C++?

Neben der hier beschriebenen Methode der Windows-Programmierung mit C++ existieren noch weitere durchaus konkurrenzfähige Entwicklungswerkzeuge, welche die Erstellung von Windows-Applikationen ermöglichen:

- Das Software Development Kit (SDK)
- Microsofts VisualBASIC
- weitere C++-Compiler außer Microsofts Visual C++ 1.5
- Borland Delphi

# 5 Anhang

## 5.1 Die Quelltexte

### 5.1.1 Beispiele zur Polymorphie

Poly1.cpp      Quelltext ohne Polymorphie-Fähigkeit
Poly2.cpp      Quelltext mit Polymorphie-Fähigkeit

### POLY1.CPP

```
// POLY1.CPP: Beispielprogramm zur Demonstration von Polymorphie,
//            überladen und überschreiben. Siehe auch POLY2.CPP !
#include <iostream.h>

class A
{
public:
  void p();          // Methodendeklaration für p();
  void p(int i) {};  // Leermethoden,
  void neu() {};     // sog. 'Overridables'
};

void A::p()          // Methodendefinition für p() aus Klasse A
{ cout << "Klasse A!\n"; }

class B:public A  // leite Klasse B von Klasse A ab
{
public:
  void p();         // p() wird überschrieben
  void p(int i);    // p() wird überladen
  void neu();
};

void B::p()
{ cout << "Klasse B!\n"; }

// In der abgeleiteten Klasse B werden die Leermethoden
// aus Klasse A ausprogrammiert.
void B::p(int i)
{ cout << "Klasse B, Wert=" << i << "\n"; }

void B::neu()
{ cout << "Klasse B, neu\n"; }

main() // Kein Rückgabewert heißt: int als Rückgabewert!
{
  A *pA1 = new A; // Instanz von Klasse A erzeugen
  A *pA2 = new B; // Instanz von Klasse B in A *pA2 erzeugen;
                  // kein Compile-Fehler!!
```

```
pA1->p();    // Ausgabe: 'Klasse A!'
pA2->p();    // Ausgabe: 'Klasse A!' (obwohl pA2 auf B-Instanz zeigt!!!)
pA2->p(1);   // Leermethode; keine Ausgabe
pA2->neu();  // dito
delete pA1;  // wieder aufräumen...
delete pA2;
return 0;    // ... und main() beenden.
}
```

## POLY2.CPP

```
// POLY2.CPP: Beispielprogramm zur Demonstration von Polymorphie,
//            überladen und überschreiben. Beachte die virtual's in class A !
#include <iostream.h>

class A
{
public:
  virtual void p();        // Methodendeklaration für p();
  virtual void p(int i) {}; // Leermethoden,
  virtual void neu() {};   // sog. 'Overridables'
};

void A::p()              // Methodendefinition für p() aus Klasse A
{ cout << "Klasse A!\n"; }

class B:public A  // leite Klasse B von Klasse A ab
{
public:
  void p();       // p() wird überschrieben
  void p(int i);  // p() wird überladen
  void neu();
};

void B::p()
{ cout << "Klasse B!\n"; }

// In der abgeleiteten Klasse B werden die Leermethoden
// aus Klasse A ausprogrammiert.
void B::p(int i)
{ cout << "Klasse B, Wert=" << i << "\n"; }

void B::neu()
{ cout << "Klasse B, neu\n"; }

main() // Kein Rückgabewert heißt: int als Rückgabewert!
{
  A *pA1 = new A; // Instanz von Klasse A erzeugen
  A *pA2 = new B; // Instanz von Klasse B in A *pA2 erzeugen;
                  // kein Compile-Fehler!!

  pA1->p();    // Ausgabe: 'Klasse A!'
  pA2->p();    // Ausgabe: 'Klasse B!',
               //   weil A::p() als virtual deklariert wurde!!
```

```
    pA2->p(1);   // Ausgabe: 'Klasse B, Wert=1',
                 //   wegen A::p(int i); als virtual-Deklaration
    pA2->neu();  // Ausgabe: 'Klasse B, neu',
                 //   wegen A::neu(); als virtual-Deklaration

    delete pA1; // wieder aufräumen...
    delete pA2;
    return 0;   // ... und main() beenden.
}
```

## 5.1.2 HELLO

| | |
|---|---|
| Hello.h | Deklaration der Anwendungs- und Fensterklasse |
| Hello.cpp | Implementierung der deklarierten Klassen, Message-Map |
| Hello.def | Modul-Definitionsdatei |

## HELLO.H

```
// hello.h : Declares the class interfaces for the application.
//           Hello is a simple program which consists of a main window
//           and an "About" dialog which can be invoked by a menu choice.
//           It is intended to serve as a starting-point for new
//           applications.
//
// This is a part of the Microsoft Foundation Classes C++ library.
// Copyright (C) 1992 Microsoft Corporation
// All rights reserved.
//
// This source code is only intended as a supplement to the
// Microsoft Foundation Classes Reference and Microsoft
// WinHelp documentation provided with the library.
// See these sources for detailed information regarding the
// Microsoft Foundation Classes product.

#ifndef __HELLO_H__
#define __HELLO_H__

//////////////////////////////////////////////////////////////////////////

// CMainWindow:
// See hello.cpp for the code to the member functions and the message map.
//
class CMainWindow : public CFrameWnd
{
public:
    CMainWindow();

    //{{AFX_MSG( CMainWindow )
    afx_msg void OnPaint();
    afx_msg void OnAbout();
    //}}AFX_MSG

    DECLARE_MESSAGE_MAP()
};
```

```
//////////////////////////////////////////////////////////////////////
// CTheApp:
// See hello.cpp for the code to the InitInstance member function.
//
class CTheApp : public CWinApp
{
public:
    BOOL InitInstance();
};

//////////////////////////////////////////////////////////////////////

#endif // __HELLO_H__
```

## HELLO.CPP

```
// hello.cpp : Defines the class behaviors for the application.
//             Hello is a simple program which consists of a main window
//             and an "About" dialog which can be invoked by a menu choice.
//             It is intended to serve as a starting-point for new
//             applications.
//
// This is a part of the Microsoft Foundation Classes C++ library.
// Copyright (C) 1992 Microsoft Corporation.
// All rights reserved.
//
// This source code is only intended as a supplement to the
// Microsoft Foundation Classes Reference and Microsoft
// WinHelp documentation provided with the library.
// See these sources for detailed information regarding the
// Microsoft Foundation Classes product.

#include "stdafx.h"
#include "resource.h"
#include "hello.h"

//////////////////////////////////////////////////////////////////////
// theApp:
// Just creating this application object runs the whole application.
//
CTheApp NEAR theApp;

//////////////////////////////////////////////////////////////////////
// CMainWindow constructor:
// Create the window with the appropriate style, size, menu, etc.
//
CMainWindow::CMainWindow()
{
    LoadAccelTable( "MainAccelTable" );
    Create( NULL, "Hello Foundation Application",
        WS_OVERLAPPEDWINDOW, rectDefault, NULL, "MainMenu" );
}
```

97

```
// OnPaint:
// This routine draws the string "Hello, Windows!" in the center of the
// client area.  It is called whenever Windows sends a WM_PAINT message.
// Note that creating a CPaintDC automatically does a BeginPaint and
// an EndPaint call is done when it is destroyed at the end of this
// function.  CPaintDC's constructor needs the window (this).
//
void CMainWindow::OnPaint()
{
    CString s = "Hello, Windows!";
    CPaintDC dc( this );
    CRect rect;

    GetClientRect( rect );
    dc.SetTextAlign( TA_BASELINE | TA_CENTER );
    dc.SetTextColor( ::GetSysColor( COLOR_WINDOWTEXT ) );
    dc.SetBkMode(TRANSPARENT);
    dc.TextOut( ( rect.right / 2 ), ( rect.bottom / 2 ),
                        s, s.GetLength() );
}


// OnAbout:
// This member function is called when a WM_COMMAND message with an
// IDM_ABOUT code is received by the CMainWindow class object.  The
// message map below is responsible for this routing.
//
// We create a ClDialog object using the "AboutBox" resource (see
// hello.rc), and invoke it.
//

void CMainWindow::OnAbout()
{
    CDialog about( "AboutBox", this );
    about.DoModal();
}


// CMainWindow message map:
// Associate messages with member functions.
//
// It is implied that the ON_WM_PAINT macro expects a member function
// "void OnPaint()".
//
// It is implied that members connected with the ON_COMMAND macro
// receive no arguments and are void of return type, e.g., "void OnAbout()".
//

BEGIN_MESSAGE_MAP( CMainWindow, CFrameWnd )
    //{{AFX_MSG_MAP( CMainWindow )
    ON_WM_PAINT()
    ON_COMMAND( IDM_ABOUT, OnAbout )
    //}}AFX_MSG_MAP
END_MESSAGE_MAP()
```

98

```
/////////////////////////////////////////////////////////////////////
// CTheApp

// InitInstance:
// When any CTheApp object is created, this member function is automatically
// called.  Any data may be set up at this point.
//
// Also, the main window of the application should be created and shown here.
// Return TRUE if the initialization is successful.
//
BOOL CTheApp::InitInstance()
{
    TRACE( "HELLO WORLD\n" );

    SetDialogBkColor();        // hook gray dialogs (was default in MFC V1)

    m_pMainWnd = new CMainWindow();
    m_pMainWnd->ShowWindow( m_nCmdShow );
    m_pMainWnd->UpdateWindow();

    return TRUE;
}
```

## HELLO.DEF

```
; hello.def : Declares the module parameters for the application.
;
; This is a part of the Microsoft Foundation Classes C++ library.
; Copyright (C) 1992 Microsoft Corporation
; All rights reserved.
;
; This source code is only intended as a supplement to the
; Microsoft Foundation Classes Reference and Microsoft
; WinHelp documentation provided with the library.
; See these sources for detailed information regarding the
; Microsoft Foundation Classes product.

NAME          Hello
DESCRIPTION   'Hello Microsoft Foundation Classes Windows Application'
EXETYPE       WINDOWS
CODE          PRELOAD MOVEABLE DISCARDABLE
DATA          PRELOAD MOVEABLE MULTIPLE
HEAPSIZE      1024
```

## 5.1.3 TUT1

| | |
|---|---|
| Resource.h | Deklaration aller Resourcen-Bezeichner |
| Tut1.h | Deklaration der Applikationsklasse |
| Tut1doc.h | Deklaration der Document-Klasse |
| Tut1view.h | Deklaration der View-Klasse |
| Mainfrm.h | Deklaration der Hauptfensterklasse |
| Tut1.cpp | Implementierung der Applikationsklasse |
| Tut1doc.cpp | Implementierung der Document-Klasse |
| Tut1view.cpp | Implementierung der View-Klasse |
| Mainfrm.cpp | Implementierung der Hauptfensterklasse |
| Tut1.def | Definitionsdatei für den Linker von MSVC |
| Tut1.rc | AppStudio-erstellte Resourcendatei |

## RESOURCE.H

```
//{{NO_DEPENDENCIES}}
// App Studio generated include file.
// Used by TUT1.RC
//
#define IDR_MAINFRAME                   2
#define IDD_ABOUTBOX                    100

#define _APS_NEXT_RESOURCE_VALUE        102
#define _APS_NEXT_CONTROL_VALUE         1000
#define _APS_NEXT_SYMED_VALUE           101
#define _APS_NEXT_COMMAND_VALUE         32771
```

## TUT1.H

```
// tut1.h : main header file for the TUT1 application
//

#ifndef __AFXWIN_H__
    #error include 'stdafx.h' before including this file for PCH
#endif

#include "resource.h"       // main symbols

/////////////////////////////////////////////////////////////////////////
// CTut1App:
// See tut1.cpp for the implementation of this class
//

class CTut1App : public CWinApp
{
public:
    CTut1App();
```

```
// Overrides
    virtual BOOL InitInstance();

// Implementation

    //{{AFX_MSG(CTut1App)
    afx_msg void OnAppAbout();
    // NOTE - the ClassWizard will add and remove member functions
      here.
    //    DO NOT EDIT what you see in these blocks of generated code !
    //}}AFX_MSG
    DECLARE_MESSAGE_MAP()
};
```

////////////////////////////////////////////////////////////////////

# TUT1DOC.H

```
// tut1doc.h : interface of the CTut1Doc class
//
////////////////////////////////////////////////////////////////////

class CTut1Doc : public CDocument
{
protected: // create from serialization only
    CTut1Doc();
    DECLARE_DYNCREATE(CTut1Doc)

// Attributes
public:
// Operations
public:

// Implementation
public:
    virtual ~CTut1Doc();
    virtual void Serialize(CArchive& ar);   // overridden for document i/o
#ifdef _DEBUG
    virtual void AssertValid() const;
    virtual void Dump(CDumpContext& dc) const;
#endif

protected:
    virtual BOOL OnNewDocument();

// Generated message map functions
protected:
    //{{AFX_MSG(CTut1Doc)
    // NOTE - the ClassWizard will add and remove member functions here.
    //    DO NOT EDIT what you see in these blocks of generated code !
```

```
    //}}AFX_MSG
    DECLARE_MESSAGE_MAP()
};
```

# TUT1VIEW.H

```
// tut1view.h : interface of the CTut1View class
//
/////////////////////////////////////////////////////////////////////////

class CTut1View : public CView
{
private:
    CRect m_ellipseRect, m_ClientRect;
protected: // create from serialization only
    CTut1View();
    DECLARE_DYNCREATE(CTut1View)

// Attributes
public:
    CTut1Doc* GetDocument();

// Operations
public:

// Implementation
public:
    virtual ~CTut1View();
    virtual void OnDraw(CDC* pDC);  // overridden to draw this view
#ifdef _DEBUG
    virtual void AssertValid() const;
    virtual void Dump(CDumpContext& dc) const;
#endif

protected:
    // Printing support
    virtual BOOL OnPreparePrinting(CPrintInfo* pInfo);
    virtual void OnBeginPrinting(CDC* pDC, CPrintInfo* pInfo);
    virtual void OnEndPrinting(CDC* pDC, CPrintInfo* pInfo);

// Generated message map functions
protected:
    //{{AFX_MSG(CTut1View)
    afx_msg void OnRButtonDown(UINT nFlags, CPoint point);
    afx_msg void OnLButtonDown(UINT nFlags, CPoint point);
    //}}AFX_MSG
    DECLARE_MESSAGE_MAP()
};

#ifndef _DEBUG  // debug version in tut1view.cpp
inline CTut1Doc* CTut1View::GetDocument()
    { return (CTut1Doc*)m_pDocument; }
#endif
```

# ///////////////////////////////////////////////////////////////////////
# MAINFRM.H

```
// mainfrm.h : interface of the CMainFrame class
//
///////////////////////////////////////////////////////////////////////

class CMainFrame : public CFrameWnd
{
protected: // create from serialization only
    CMainFrame();
    DECLARE_DYNCREATE(CMainFrame)

// Attributes
public:

// Operations
public:

// Implementation
public:
    virtual ~CMainFrame();
#ifdef _DEBUG
    virtual void AssertValid() const;
    virtual void Dump(CDumpContext& dc) const;
#endif

protected:  // control bar embedded members
    CStatusBar   m_wndStatusBar;
    CToolBar     m_wndToolBar;

// Generated message map functions
protected:
    //{{AFX_MSG(CMainFrame)
    afx_msg int OnCreate(LPCREATESTRUCT lpCreateStruct);
        // NOTE - the ClassWizard will add and remove member functions
here.
        //    DO NOT EDIT what you see in these blocks of generated code!
    //}}AFX_MSG
    DECLARE_MESSAGE_MAP()
};
```

# ///////////////////////////////////////////////////////////////////////

## TUT1.CPP

```
// tut1.cpp : Defines the class behaviors for the application.
//

#include "stdafx.h"
#include "tut1.h"

#include "mainfrm.h"
#include "tut1doc.h"
#include "tut1view.h"

#ifdef _DEBUG
#undef THIS_FILE
static char BASED_CODE THIS_FILE[] = __FILE__;
#endif

/////////////////////////////////////////////////////////////////////////
// CTut1App

BEGIN_MESSAGE_MAP(CTut1App, CWinApp)
    //{{AFX_MSG_MAP(CTut1App)
    ON_COMMAND(ID_APP_ABOUT, OnAppAbout)
        // NOTE - the ClassWizard will add and remove mapping macros here.
        //    DO NOT EDIT what you see in these blocks of generated code!
    //}}AFX_MSG_MAP
    // Standard file based document commands
    ON_COMMAND(ID_FILE_NEW, CWinApp::OnFileNew)
    ON_COMMAND(ID_FILE_OPEN, CWinApp::OnFileOpen)
    // Standard print setup command
    ON_COMMAND(ID_FILE_PRINT_SETUP, CWinApp::OnFilePrintSetup)
END_MESSAGE_MAP()

/////////////////////////////////////////////////////////////////////////
// CTut1App construction

CTut1App::CTut1App()
{
    // TODO: add construction code here,
    // Place all significant initialization in InitInstance
}

/////////////////////////////////////////////////////////////////////////
// The one and only CTut1App object

CTut1App NEAR theApp;

/////////////////////////////////////////////////////////////////////////
// CTut1App initialization

BOOL CTut1App::InitInstance()
{
    // Standard initialization
    // If you are not using these features and wish to reduce the size
```

104

```
        //  of your final executable, you should remove from the following
        //  the specific initialization routines you do not need.

        SetDialogBkColor();          // Set dialog background color to gray
        LoadStdProfileSettings();   // Load standard INI file options
                                     (including MRU)

        // Register the application's document templates.  Document templates
        //  serve as the connection between documents, frame windows and views.

        CSingleDocTemplate* pDocTemplate;
        pDocTemplate = new CSingleDocTemplate(
            IDR_MAINFRAME,
            RUNTIME_CLASS(CTut1Doc),
            RUNTIME_CLASS(CMainFrame),      // main SDI frame window
            RUNTIME_CLASS(CTut1View));
        AddDocTemplate(pDocTemplate);

        // create a new (empty) document
        OnFileNew();

        if (m_lpCmdLine[0] != '\0')
        {
            // TODO: add command line processing here
        }
        return TRUE;
}

/////////////////////////////////////////////////////////////////////////////
// CAboutDlg dialog used for App About

class CAboutDlg : public CDialog
{
public:
    CAboutDlg();

// Dialog Data
    //{{AFX_DATA(CAboutDlg)
    enum { IDD = IDD_ABOUTBOX };
    //}}AFX_DATA

// Implementation
protected:
    virtual void DoDataExchange(CDataExchange* pDX);    // DDX/DDV support
    //{{AFX_MSG(CAboutDlg)
        // No message handlers
    //}}AFX_MSG
    DECLARE_MESSAGE_MAP()
};

CAboutDlg::CAboutDlg() : CDialog(CAboutDlg::IDD)
{
    //{{AFX_DATA_INIT(CAboutDlg)
    //}}AFX_DATA_INIT
}
```

```
void CAboutDlg::DoDataExchange(CDataExchange* pDX)
{
    CDialog::DoDataExchange(pDX);
    //{{AFX_DATA_MAP(CAboutDlg)
    //}}AFX_DATA_MAP
}

BEGIN_MESSAGE_MAP(CAboutDlg, CDialog)
    //{{AFX_MSG_MAP(CAboutDlg)
        // No message handlers
    //}}AFX_MSG_MAP
END_MESSAGE_MAP()

// App command to run the dialog
void CTut1App::OnAppAbout()
{
    CAboutDlg aboutDlg;
    aboutDlg.DoModal();
}

/////////////////////////////////////////////////////////////////////////
// CTut1App commands
```

## TUT1DOC.CPP

```
// tut1doc.cpp : implementation of the CTut1Doc class
//

#include "stdafx.h"
#include "tut1.h"

#include "tut1doc.h"

#ifdef _DEBUG
#undef THIS_FILE
static char BASED_CODE THIS_FILE[] = __FILE__;
#endif

/////////////////////////////////////////////////////////////////////////
// CTut1Doc

IMPLEMENT_DYNCREATE(CTut1Doc, CDocument)

BEGIN_MESSAGE_MAP(CTut1Doc, CDocument)
    //{{AFX_MSG_MAP(CTut1Doc)
        // NOTE - the ClassWizard will add and remove mapping macros here.
        //    DO NOT EDIT what you see in these blocks of generated code!
    //}}AFX_MSG_MAP
END_MESSAGE_MAP()
```

```
/////////////////////////////////////////////////////////////////////////
// CTut1Doc construction/destruction

CTut1Doc::CTut1Doc()
{
    // TODO: add one-time construction code here
}

CTut1Doc::~CTut1Doc()
{
}

BOOL CTut1Doc::OnNewDocument()
{
    if (!CDocument::OnNewDocument())
        return FALSE;

    // TODO: add reinitialization code here
    // (SDI documents will reuse this document)

    return TRUE;
}

/////////////////////////////////////////////////////////////////////////
// CTut1Doc serialization

void CTut1Doc::Serialize(CArchive& ar)
{
    if (ar.IsStoring())
    {
        // TODO: add storing code here
    }
    else
    {
        // TODO: add loading code here
    }
}

/////////////////////////////////////////////////////////////////////////
// CTut1Doc diagnostics

#ifdef _DEBUG
void CTut1Doc::AssertValid() const
{
    CDocument::AssertValid();
}

void CTut1Doc::Dump(CDumpContext& dc) const
{
    CDocument::Dump(dc);
}
#endif //_DEBUG

/////////////////////////////////////////////////////////////////////////
// CTut1Doc commands
```

# TUT1VIEW.CPP

```
// tut1view.cpp : implementation of the CTut1View class
//

#include "stdafx.h"
#include "tut1.h"

#include "tut1doc.h"
#include "tut1view.h"

#ifdef _DEBUG
#undef THIS_FILE
static char BASED_CODE THIS_FILE[] = __FILE__;
#endif

/////////////////////////////////////////////////////////////////////////
// CTut1View

IMPLEMENT_DYNCREATE(CTut1View, CView)

BEGIN_MESSAGE_MAP(CTut1View, CView)
    //{{AFX_MSG_MAP(CTut1View)
    ON_WM_RBUTTONDOWN()
    ON_WM_LBUTTONDOWN()
    //}}AFX_MSG_MAP
    // Standard printing commands
    ON_COMMAND(ID_FILE_PRINT, CView::OnFilePrint)
    ON_COMMAND(ID_FILE_PRINT_PREVIEW, CView::OnFilePrintPreview)
END_MESSAGE_MAP()

/////////////////////////////////////////////////////////////////////////
// CTut1View construction/destruction

CTut1View::CTut1View()
{
  m_ellipseRect = CRect(0, 0, 100, 100);
}

CTut1View::~CTut1View()
{
}

/////////////////////////////////////////////////////////////////////////
// CTut1View drawing

void CTut1View::OnDraw(CDC* pDC)
{
  CString str = "Hello, Windows!";

  GetClientRect(m_ClientRect);
  pDC->SelectStockObject(GRAY_BRUSH);
  pDC->Ellipse(m_ellipseRect);
```

```
    pDC->SetTextAlign(TA_BASELINE | TA_CENTER);
    pDC->SetTextColor(::GetSysColor(COLOR_WINDOWTEXT));
    pDC->SetBkMode(TRANSPARENT);
    pDC->TextOut(m_ClientRect.right/2, m_ClientRect.bottom/2,
                str, str.GetLength());

}

/////////////////////////////////////////////////////////////////////////////
// CTut1View printing

BOOL CTut1View::OnPreparePrinting(CPrintInfo* pInfo)
{
    // default preparation
    return DoPreparePrinting(pInfo);
}

void CTut1View::OnBeginPrinting(CDC* /*pDC*/, CPrintInfo* /*pInfo*/)
{
    // TODO: add extra initialization before printing
}

void CTut1View::OnEndPrinting(CDC* /*pDC*/, CPrintInfo* /*pInfo*/)
{
    // TODO: add cleanup after printing
}

/////////////////////////////////////////////////////////////////////////////
// CTut1View diagnostics

#ifdef _DEBUG
void CTut1View::AssertValid() const
{
    CView::AssertValid();
}

void CTut1View::Dump(CDumpContext& dc) const
{
    CView::Dump(dc);
}

CTut1Doc* CTut1View::GetDocument() // non-debug version is inline
{
    ASSERT(m_pDocument->IsKindOf(RUNTIME_CLASS(CTut1Doc)));
    return (CTut1Doc*)m_pDocument;
}
#endif //_DEBUG
```

```
//////////////////////////////////////////////////////////////////////
// CTut1View message handlers

void CTut1View::OnRButtonDown(UINT nFlags, CPoint point)
{
    m_ellipseRect = CRect(0, 0, m_ClientRect.right, m_ClientRect.bottom);
    InvalidateRect(CRect(0, 0, m_ClientRect.right, m_ClientRect.bottom));

}

void CTut1View::OnLButtonDown(UINT nFlags, CPoint point)
{
    m_ellipseRect = CRect(m_ClientRect.right /2 - m_ClientRect.right /8,
                          m_ClientRect.bottom/2 - m_ClientRect.bottom/8,
                          m_ClientRect.right /2 + m_ClientRect.right /8,
                          m_ClientRect.bottom/2 + m_ClientRect.bottom/8);
    InvalidateRect(CRect(0, 0, m_ClientRect.right, m_ClientRect.bottom));
}
```

## MAINFRM.CPP

```
// mainfrm.cpp : implementation of the CMainFrame class

#include "stdafx.h"
#include "tut1.h"
#include "mainfrm.h"

#ifdef _DEBUG
#undef THIS_FILE
static char BASED_CODE THIS_FILE[] = __FILE__;
#endif

//////////////////////////////////////////////////////////////////////
// CMainFrame

IMPLEMENT_DYNCREATE(CMainFrame, CFrameWnd)

BEGIN_MESSAGE_MAP(CMainFrame, CFrameWnd)
    //{{AFX_MSG_MAP(CMainFrame)
        // NOTE - the ClassWizard will add and remove mapping macros here.
        //    DO NOT EDIT what you see in these blocks of generated code !
    ON_WM_CREATE()
    //}}AFX_MSG_MAP
END_MESSAGE_MAP()

//////////////////////////////////////////////////////////////////////
// arrays of IDs used to initialize control bars

// toolbar buttons - IDs are command buttons
static UINT BASED_CODE buttons[] =
{
    // same order as in the bitmap 'toolbar.bmp'
```

```
    ID_FILE_NEW,
    ID_FILE_OPEN,
    ID_FILE_SAVE,
            ID_SEPARATOR,
    ID_EDIT_CUT,
    ID_EDIT_COPY,
    ID_EDIT_PASTE,
            ID_SEPARATOR,
    ID_FILE_PRINT,
    ID_APP_ABOUT,
};
static UINT BASED_CODE indicators[] =
{
    ID_SEPARATOR,               // status line indicator
    ID_INDICATOR_CAPS,
    ID_INDICATOR_NUM,
    ID_INDICATOR_SCRL,
};


/////////////////////////////////////////////////////////////////////////
// CMainFrame construction/destruction

CMainFrame::CMainFrame()
{
    // TODO: add member initialization code here
}

CMainFrame::~CMainFrame()
{
}

int CMainFrame::OnCreate(LPCREATESTRUCT lpCreateStruct)
{
    if (CFrameWnd::OnCreate(lpCreateStruct) == -1)
        return -1;

    if (!m_wndToolBar.Create(this) ||
        !m_wndToolBar.LoadBitmap(IDR_MAINFRAME) ||
        !m_wndToolBar.SetButtons(buttons,
          sizeof(buttons)/sizeof(UINT)))
    {
        TRACE("Failed to create toolbar\n");
        return -1;       // fail to create
    }

    if (!m_wndStatusBar.Create(this) ||
        !m_wndStatusBar.SetIndicators(indicators,
          sizeof(indicators)/sizeof(UINT)))
    {
        TRACE("Failed to create status bar\n");
        return -1;       // fail to create
    }
    return 0;
}
```

```
/////////////////////////////////////////////////////////////////////
// CMainFrame diagnostics

#ifdef _DEBUG
void CMainFrame::AssertValid() const
{
    CFrameWnd::AssertValid();
}

void CMainFrame::Dump(CDumpContext& dc) const
{
    CFrameWnd::Dump(dc);
}
#endif //_DEBUG
/////////////////////////////////////////////////////////////////////
// CMainFrame message handlers
```

## TUT1.DEF

```
; tut1.def : Declares the module parameters for the application.

NAME            TUT1
DESCRIPTION     'TUT1 Windows Application'
EXETYPE         WINDOWS

CODE            PRELOAD MOVEABLE DISCARDABLE
DATA            PRELOAD MOVEABLE MULTIPLE

HEAPSIZE        1024    ; initial heap size
; Stack size is passed as argument to linker's /STACK option
```

## TUT1.RC

```
//Microsoft App Studio generated resource script.
//
#include "resource.h"

#define APSTUDIO_READONLY_SYMBOLS
/////////////////////////////////////////////////////////////////////
//
// From TEXTINCLUDE 2
//
#include "afxres.h"

/////////////////////////////////////////////////////////////////////
///
#undef APSTUDIO_READONLY_SYMBOLS
```

```
#ifdef APSTUDIO_INVOKED

/////////////////////////////////////////////////////////////////////
///
//
// TEXTINCLUDE
//

1 TEXTINCLUDE DISCARDABLE
BEGIN
    "resource.h\0"
END

2 TEXTINCLUDE DISCARDABLE
BEGIN
    "#include ""afxres.h""\r\n"
    "\0"
END

3 TEXTINCLUDE DISCARDABLE
BEGIN
    "#include ""res\\tut1.rc2""  // non-App Studio edited resources\r\n"
    "\r\n"
    "#include ""afxres.rc""  // Standard components\r\n"
    "#include ""afxprint.rc""// printing/print preview resources\r\n"
    "\0"
END

/////////////////////////////////////////////////////////////////////
#endif    // APSTUDIO_INVOKED


/////////////////////////////////////////////////////////////////////
///
//
// Icon
//

IDR_MAINFRAME           ICON    DISCARDABLE     res\tut1.ico

/////////////////////////////////////////////////////////////////////
///
//
// Bitmap
//

IDR_MAINFRAME           BITMAP  MOVEABLE        res\toolbar.bmp
```

```
///////////////////////////////////////////////////////////////////
///
//
// Menu
//

IDR_MAINFRAME MENU PRELOAD DISCARDABLE
BEGIN
    POPUP "&File"
    BEGIN
        MENUITEM "&New\tCtrl+N",                ID_FILE_NEW
        MENUITEM "&Open...\tCtrl+O",            ID_FILE_OPEN
        MENUITEM "&Save\tCtrl+S",               ID_FILE_SAVE
        MENUITEM "Save &As...",                 ID_FILE_SAVE_AS
        MENUITEM SEPARATOR
        MENUITEM "&Print...\tCtrl+P",           ID_FILE_PRINT
        MENUITEM "Print Pre&view",              ID_FILE_PRINT_PREVIEW
        MENUITEM "P&rint Setup...",             ID_FILE_PRINT_SETUP
        MENUITEM SEPARATOR
        MENUITEM "Recent File",                 ID_FILE_MRU_FILE1,GRAYED
        MENUITEM SEPARATOR
        MENUITEM "E&xit",                       ID_APP_EXIT
    END
    POPUP "&Edit"
    BEGIN
        MENUITEM "&Undo\tCtrl+Z",               ID_EDIT_UNDO
        MENUITEM SEPARATOR
        MENUITEM "Cu&t\tCtrl+X",                ID_EDIT_CUT
        MENUITEM "&Copy\tCtrl+C",               ID_EDIT_COPY
        MENUITEM "&Paste\tCtrl+V",              ID_EDIT_PASTE
    END
    POPUP "&View"
    BEGIN
        MENUITEM "&Toolbar",                    ID_VIEW_TOOLBAR
        MENUITEM "&Status Bar",                 ID_VIEW_STATUS_BAR
    END
    POPUP "&Help"
    BEGIN
        MENUITEM "&About Tut1...",              ID_APP_ABOUT
    END
END


///////////////////////////////////////////////////////////////////
///
//
// Accelerator
//

IDR_MAINFRAME ACCELERATORS PRELOAD MOVEABLE
BEGIN
    "N",            ID_FILE_NEW,        VIRTKEY,CONTROL
    "O",            ID_FILE_OPEN,       VIRTKEY,CONTROL
    "S",            ID_FILE_SAVE,       VIRTKEY,CONTROL
    "P",            ID_FILE_PRINT,      VIRTKEY,CONTROL
```

```
    "Z",              ID_EDIT_UNDO,         VIRTKEY,CONTROL
    "X",              ID_EDIT_CUT,          VIRTKEY,CONTROL
    "C",              ID_EDIT_COPY,         VIRTKEY,CONTROL
    "V",              ID_EDIT_PASTE,        VIRTKEY,CONTROL
    VK_BACK,          ID_EDIT_UNDO,         VIRTKEY,ALT
    VK_DELETE,        ID_EDIT_CUT,          VIRTKEY,SHIFT
    VK_INSERT,        ID_EDIT_COPY,         VIRTKEY,CONTROL
    VK_INSERT,        ID_EDIT_PASTE,        VIRTKEY,SHIFT
    VK_F6,            ID_NEXT_PANE,         VIRTKEY
    VK_F6,            ID_PREV_PANE,         VIRTKEY,SHIFT
END


/////////////////////////////////////////////////////////////////////
///
//
// Dialog
//

IDD_ABOUTBOX DIALOG DISCARDABLE  34, 22, 217, 55
CAPTION "About Tut1"
STYLE DS_MODALFRAME | WS_POPUP | WS_CAPTION | WS_SYSMENU
FONT 8, "MS Sans Serif"
BEGIN
    ICON            IDR_MAINFRAME,IDC_STATIC,11,17,20,20
    LTEXT           "Tut1 Application Version 1.0",IDC_STATIC,40,10,119,8
    LTEXT           "Copyright \251 1995",IDC_STATIC,40,25,119,8
    DEFPUSHBUTTON   "OK",IDOK,176,6,32,14,WS_GROUP
END


/////////////////////////////////////////////////////////////////////
///
//
// String Table
//

STRINGTABLE PRELOAD DISCARDABLE
BEGIN
    IDR_MAINFRAME          "Tut1 Windows Application\nTut1\nTut1
Document\n\n\nTut1.Document\nTut1 Document"
END
STRINGTABLE PRELOAD DISCARDABLE
BEGIN
    AFX_IDS_APP_TITLE      "Tut1 Windows Application"
    AFX_IDS_IDLEMESSAGE    "Ready"
END
STRINGTABLE DISCARDABLE
BEGIN
    ID_INDICATOR_EXT       "EXT"
    ID_INDICATOR_CAPS      "CAP"
    ID_INDICATOR_NUM       "NUM"
    ID_INDICATOR_SCRL      "SCRL"
    ID_INDICATOR_OVR       "OVR"
    ID_INDICATOR_REC       "REC"
END
```

```
STRINGTABLE DISCARDABLE
BEGIN
    ID_FILE_NEW                 "Create a new document"
    ID_FILE_OPEN                "Open an existing document"
    ID_FILE_CLOSE               "Close the active document"
    ID_FILE_SAVE                "Save the active document"
    ID_FILE_SAVE_AS             "Save the active document with a new name"
    ID_FILE_PAGE_SETUP          "Change the printing options"
    ID_FILE_PRINT_SETUP         "Change the printer and printing options"
    ID_FILE_PRINT               "Print the active document"
    ID_FILE_PRINT_PREVIEW       "Display full pages"
    ID_APP_ABOUT                "Display program information, version number
                                 and copyright"
    ID_APP_EXIT                 "Quit the application; prompts to save documents"
    ID_FILE_MRU_FILE1           "Open this document"
    ID_FILE_MRU_FILE2           "Open this document"
    ID_FILE_MRU_FILE3           "Open this document"
    ID_FILE_MRU_FILE4           "Open this document"
    ID_NEXT_PANE                "Switch to the next window pane"
    ID_PREV_PANE                "Switch back to the previous window pane"
    ID_EDIT_CLEAR               "Erase the selection"
    ID_EDIT_CLEAR_ALL           "Erase everything"
    ID_EDIT_COPY                "Copy the selection and put it on the Clipboard"
    ID_EDIT_CUT                 "Cut the selection and put it on the Clipboard"
    ID_EDIT_FIND                "Find the specified text"
    ID_EDIT_PASTE               "Insert Clipboard contents"
    ID_EDIT_REPEAT              "Repeat the last action"
    ID_EDIT_REPLACE             "Replace specific text with different text"
    ID_EDIT_SELECT_ALL          "Select the entire document"
    ID_EDIT_UNDO                "Undo the last action"
    ID_EDIT_REDO                "Redo the previously undone action"
    ID_VIEW_TOOLBAR             "Show or hide the toolbar"
    ID_VIEW_STATUS_BAR          "Show or hide the status bar"
END

STRINGTABLE DISCARDABLE
BEGIN
    AFX_IDS_SCSIZE              "Change the window size"
    AFX_IDS_SCMOVE             "Change the window position"
    AFX_IDS_SCMINIMIZE          "Reduce the window to an icon"
    AFX_IDS_SCMAXIMIZE          "Enlarge the window to full size"
    AFX_IDS_SCNEXTWINDOW        "Switch to the next document window"
    AFX_IDS_SCPREVWINDOW        "Switch to the previous document window"
    AFX_IDS_SCCLOSE             "Close the active window and prompts to save
                                 the documents"
    AFX_IDS_SCRESTORE           "Restore the window to normal size"
    AFX_IDS_SCTASKLIST          "Activate Task List"
END


#ifndef APSTUDIO_INVOKED
```

```
/////////////////////////////////////////////////////////////////////////
///
//
// From TEXTINCLUDE 3
//

#include "res\tut1.rc2"  // non-App Studio edited resources

#include "afxres.rc"   // Standard components
#include "afxprint.rc"  // printing/print preview resources

/////////////////////////////////////////////////////////////////////////
///
#endif     // not APSTUDIO_INVOKED
```

## 5.1.4 ViewText

| | |
|---|---|
| Resource.h | Deklaration der Anwendungs- und Hauptfensterklasse |
| VText.h | Deklaration der Menübezeichner |
| VText.cpp | Implementierung der Anwendungs- und Hauptfensterklasse |
| VText.def | Modul-Definitionsdatei |
| VText.rc | Resourcedatei |

## Resource.h

```
//{{NO_DEPENDENCIES}}
// App Studio generated include file.
// Used by VTEXT.RC
//
#define IDR_MAINMENU              102
#define IDR_MAINACCELTABLE        105
#define IDM_OEFFNEN               40001
#define IDM_SCHLIESSEN            40002
#define IDM_BEENDEN               40003
#define IDM_UEBER                 40004
#define IDM_INFO                  40005
#define IDM_SYSTEM                40010
#define IDM_FIXED                 40011
#define IDM_SANSSERIF             40012
#define IDM_SERIF                 40013
#define IDM_INVERS                40014
#define IDM_ANFANG                40015
#define IDM_ENDE                  40016
#define IDM_SEITEZURUECK          40017
#define IDM_SEITEVOR              40018
#define IDM_ZEILEZURUECK          40019
#define IDM_ZEILEVOR              40020
#define IDM_HEIGHT6               40021
#define IDM_HEIGHT8               40022
#define IDM_HEIGHT12              40023
#define IDM_HEIGHT16              40024
#define IDM_HEIGHT20              40025
#define IDM_HEIGHT24              40026
#define IDM_HEIGHT36              40027
#define IDM_HEIGHT48              40028
#define IDM_SCHWARZ               40029
#define IDM_ROT                   40030
#define IDM_ORANGE                40031
#define IDM_GELB                  40032
#define IDM_GRUEN                 40033
#define IDM_BLAU                  40034
#define IDM_VIOLETT               40035
#define IDM_WEISS                 40036
```

```
// Next default values for new objects
//
#ifdef APSTUDIO_INVOKED
#ifndef APSTUDIO_READONLY_SYMBOLS

#define _APS_NEXT_RESOURCE_VALUE        107
#define _APS_NEXT_COMMAND_VALUE         40022
#define _APS_NEXT_CONTROL_VALUE         1000
#define _APS_NEXT_SYMED_VALUE           101
#endif
#endif
```

# VText.h

```
// VTEXT.H: Klassendefinitionen der ViewText-Applikation
#ifndef VTEXT_H
#define VTEXT_H

class CVTextApp : public CWinApp
{
public :
  BOOL InitInstance();
};

class CMainWindow : public CFrameWnd
{
public :
  CMainWindow();
  afx_msg void OnClose();
  afx_msg void OnPaint();
  void OnHScroll(UINT nSBCode, UINT nPos, CScrollBar *pScrollBar);
  void OnVScroll(UINT nSBCode, UINT nPos, CScrollBar *pScrollBar);

  afx_msg void OnRButtonDown(UINT nFlags, CPoint point);
  afx_msg void OnMButtonDown(UINT nFlags, CPoint point);
  afx_msg void OnLButtonDown(UINT nFlags, CPoint point);

  afx_msg void OnOeffnen();
  afx_msg void OnSchliessen();

  afx_msg void OnUeber();
  afx_msg void OnInfo();

  afx_msg void OnChooseColor();
  afx_msg void OnChooseFont();
  afx_msg void OnChooseHeight();

  afx_msg void OnInvers();

  afx_msg void OnAnfang();
  afx_msg void OnEnde();
  afx_msg void OnSeiteZurueck();
```

```
    afx_msg void OnSeiteVor();
    afx_msg void OnZeileZurueck();
    afx_msg void OnZeileVor();
private :
    void UpdateDisplay();
    DECLARE_MESSAGE_MAP()
};

#endif
```

## VText.cpp

```
#include <afxwin.h>
#include <stdio.h>
#include <stdlib.h>
#include <string.h>

#include <time.h>
#include <ctype.h>
#include <commdlg.h>
#include "Resource.h"
#include "VText.h"

// Konstanten

const int MAXLINES = 200;
const int MAXLINELEN = 80;

// Globale Variablen

static CVTextApp VTextApp;
static char TextMem[MAXLINES][MAXLINELEN+1];
static int  lines = 0;
static int  firstline = 0;
static int  firstcolumn = 0;
static int  lines_per_page = 10;
static int  color = 0;
static int  font  = 3;
static int  height = 12;
static int  Aheight[] = {6,8,12,16,20,24,36,48};
static BOOL inverted = FALSE;

/****************************************************************/
/*                CVTextApp Member-Funktionen                 */
/****************************************************************/
BOOL CVTextApp::InitInstance()
{
    m_pMainWnd = new CMainWindow();
    m_pMainWnd->ShowWindow(m_nCmdShow);
    return TRUE;
}
```

```
/******************************************************************/
/*                      Allgemeine Methoden                      */
/******************************************************************/
CMainWindow::CMainWindow()
{
  LoadAccelTable(MAKEINTRESOURCE(IDR_MAINACCELTABLE));
  Create(NULL, "ViewText",
         WS_OVERLAPPEDWINDOW | WS_VSCROLL | WS_HSCROLL,
         rectDefault, NULL,   MAKEINTRESOURCE(IDR_MAINMENU));
  ShowScrollBar(SB_BOTH,FALSE);
}

void CMainWindow::OnPaint()
{
  CPaintDC   dc(this);
  CRect      winrect,drawrect;
  TEXTMETRIC tm;

  //Textfarbe einstellen
  dc.SetBkMode(OPAQUE);
  dc.SetBkColor(inverted?RGB(0,0,0):RGB(255,255,255));
  switch (color)
  {
    case 0 : dc.SetTextColor(RGB(  0,  0,  0)); break;
    case 1 : dc.SetTextColor(RGB(255, 10, 20)); break;
    case 2 : dc.SetTextColor(RGB(200,100,  0)); break;
    case 3 : dc.SetTextColor(RGB(255,255,  0)); break;
    case 4 : dc.SetTextColor(RGB( 20,255, 20)); break;
    case 5 : dc.SetTextColor(RGB( 20, 10,255)); break;
    case 6 : dc.SetTextColor(RGB(230, 10,220)); break;
    case 7 : dc.SetTextColor(RGB(255,255,255)); break;
  }

  //Font einstellen
  CFont newfont,*oldfont;
  switch (font)
  {
    case 0 : oldfont = (CFont*)dc.SelectStockObject(SYSTEM_FONT);    break;
    case 1 : oldfont = (CFont*)dc.SelectStockObject(ANSI_FIXED_FONT); break;
    case 2 :
    case 3 :
      BOOL ret;
      ret = newfont.CreateFont(-height,
                               0,0,0,
                               (font==3?700:0),
                               (font==3?1:0),
                               0,0,
                               ANSI_CHARSET,
                               OUT_DEFAULT_PRECIS,
                               CLIP_DEFAULT_PRECIS,
                               DEFAULT_QUALITY,
                               DEFAULT_PITCH | (font==2?FF_SWISS:FF_ROMAN),
                               NULL);
      oldfont = dc.SelectObject(&newfont);
    break;
```

```
    }

    //Text ausgeben
    dc.SetTextAlign(TA_TOP | TA_LEFT);
    dc.GetTextMetrics(&tm);
    GetClientRect(winrect);
    drawrect = winrect;
    lines_per_page = winrect.bottom/(tm.tmHeight+tm.tmExternalLeading);
    for (int i=0; ; ++i)
    {
      drawrect.bottom = drawrect.top+tm.tmHeight+tm.tmExternalLeading;
      if (firstline+i<lines)
      {
        dc.ExtTextOut(drawrect.left+1,drawrect.top,
                      ETO_CLIPPED|ETO_OPAQUE,
                      drawrect,
                      TextMem[firstline+i]+firstcolumn,
                      strlen(TextMem[firstline+i]+firstcolumn),
                      NULL);
      }
      else
      {
        dc.ExtTextOut(drawrect.left+1,drawrect.top,
                      ETO_CLIPPED|ETO_OPAQUE,
                      drawrect,
                      "", 0, NULL);
      }
      drawrect.top += tm.tmHeight + tm.tmExternalLeading;
      if (drawrect.top>=winrect.bottom) break;
    }
    dc.SelectObject(oldfont);
}

void CMainWindow::OnClose()
{
  if (MessageBox("          Programm beenden ?",
                      "ViewText",
                      MB_YESNO)
      ==IDYES) DestroyWindow();
}

void CMainWindow::OnHScroll(UINT nSBCode, UINT nPos, CScrollBar *pScrollBar)
{
  switch (nSBCode)
  {
    case SB_LINEUP      : --firstcolumn;       break;
    case SB_LINEDOWN    : ++firstcolumn;       break;
    case SB_PAGEUP      :   firstcolumn -= 10; break;
    case SB_PAGEDOWN    :   firstcolumn += 10; break;
    case SB_THUMBPOSITION :
    case SB_THUMBTRACK  :   firstcolumn = nPos;break;
  }
  UpdateDisplay();
}
```

122

```
void CMainWindow::OnVScroll(UINT nSBCode, UINT nPos, CScrollBar *pScrollBar)
{
  switch (nSBCode)
  {
    case SB_LINEUP        : OnZeileZurueck(); break;
    case SB_LINEDOWN      : OnZeileVor();     break;
    case SB_PAGEUP        : OnSeiteZurueck(); break;
    case SB_PAGEDOWN      : OnSeiteVor();     break;
    case SB_THUMBPOSITION :
    case SB_THUMBTRACK    : firstline = nPos;  break;
  }
  UpdateDisplay();
}

void CMainWindow::UpdateDisplay()
{
  if (firstline>lines-1) firstline=lines-1;
  if (firstline<0)       firstline=0;
  if (firstcolumn>79)    firstcolumn=79;
  if (firstcolumn<0)     firstcolumn=0;
  SetScrollPos(SB_HORZ,firstcolumn,TRUE);
  SetScrollPos(SB_VERT,firstline,  TRUE);
  InvalidateRect(NULL,FALSE);
  UpdateWindow();
}

/****************************************************************/
/*                   Methoden für Popup-Menüs                 */
/****************************************************************/
void CMainWindow::OnRButtonDown(UINT nFlags, CPoint point)
{
  CMenu menu;
  CRect winrect;

  GetWindowRect(winrect);
  menu.CreatePopupMenu();
  menu.AppendMenu(MF_STRING|height==6?MF_CHECKED:MF_UNCHECKED,
                  IDM_HEIGHT6 ,"6");
  menu.AppendMenu(MF_STRING|height==8?MF_CHECKED:MF_UNCHECKED,
                  IDM_HEIGHT8 ,"8");
  menu.AppendMenu(MF_STRING|height==12?MF_CHECKED:MF_UNCHECKED,
                  IDM_HEIGHT12,"12");
  menu.AppendMenu(MF_STRING|height==16?MF_CHECKED:MF_UNCHECKED,
                  IDM_HEIGHT16,"16");
  menu.AppendMenu(MF_STRING|height==20?MF_CHECKED:MF_UNCHECKED,
                  IDM_HEIGHT20,"20");
  menu.AppendMenu(MF_STRING|height==24?MF_CHECKED:MF_UNCHECKED,
                  IDM_HEIGHT24,"24");
  menu.AppendMenu(MF_STRING|height==36?MF_CHECKED:MF_UNCHECKED,
                  IDM_HEIGHT36,"36");
  menu.AppendMenu(MF_STRING|height==48?MF_CHECKED:MF_UNCHECKED,
                  IDM_HEIGHT48,"48");
```

```cpp
  menu.TrackPopupMenu(TPM_RIGHTBUTTON | TPM_CENTERALIGN,
                      point.x + winrect.left,
                      point.y + winrect.top,
                      this,
                      NULL);
}

void CMainWindow::OnChooseHeight()
{
  height = Aheight[GetCurrentMessage()->wParam - IDM_HEIGHT6];
  UpdateDisplay();
}

void CMainWindow::OnMButtonDown(UINT nFlags, CPoint point)
{
  OnInvers();
}

void CMainWindow::OnLButtonDown(UINT nFlags, CPoint point)
{
  CMenu menu;
  CRect winrect;

  GetWindowRect(winrect);
  menu.CreatePopupMenu();
  menu.AppendMenu(MF_STRING|color==0?MF_CHECKED:MF_UNCHECKED,
                  IDM_SCHWARZ,"&Schwarz");
  menu.AppendMenu(MF_STRING|color==1?MF_CHECKED:MF_UNCHECKED,
                  IDM_ROT    ,"&Rot");
  menu.AppendMenu(MF_STRING|color==2?MF_CHECKED:MF_UNCHECKED,
                  IDM_ORANGE ,"&Orange");
  menu.AppendMenu(MF_STRING|color==3?MF_CHECKED:MF_UNCHECKED,
                  IDM_GELB   ,"&Gelb");
  menu.AppendMenu(MF_STRING|color==4?MF_CHECKED:MF_UNCHECKED,
                  IDM_GRUEN  ,"G&rün");
  menu.AppendMenu(MF_STRING|color==5?MF_CHECKED:MF_UNCHECKED,
                  IDM_BLAU   ,"&Blau");
  menu.AppendMenu(MF_STRING|color==6?MF_CHECKED:MF_UNCHECKED,
                  IDM_VIOLETT,"&Violett");
  menu.AppendMenu(MF_STRING|color==7?MF_CHECKED:MF_UNCHECKED,
                  IDM_WEISS  ,"&Weiß");
  menu.TrackPopupMenu(TPM_LEFTBUTTON | TPM_CENTERALIGN,
                      point.x + winrect.left,
                      point.y + winrect.top,
                      this,
                      NULL);
}

void CMainWindow::OnChooseColor()
{
  color = GetCurrentMessage()->wParam - IDM_SCHWARZ;
  UpdateDisplay();
}
```

```
/*****************************************************************/
/*                    Methoden für das Menü "Datei"             */
/*****************************************************************/
void CMainWindow::OnOeffnen()
{
  OPENFILENAME ofn;
  char szFile[256];
  FILE *f1;

  szFile[0]='\0';
  memset(&ofn, 0, sizeof(OPENFILENAME));
  ofn.lStructSize  = sizeof(OPENFILENAME);
  ofn.hwndOwner    = m_hWnd;
  ofn.lpstrFilter  = "C++-Datei (*.CPP)\0*.cpp\0"
                     "C-Datei (*.c)\0*.c\0"
                     "Header-Datei (*.h)\0*.h\0";
  ofn.nFilterIndex = 1;
  ofn.lpstrDefExt  = "cpp";
  ofn.lpstrFile    = szFile;
  ofn.nMaxFile     = sizeof(szFile);
  ofn.lpstrTitle   = "Datei laden";
  ofn.Flags        = OFN_HIDEREADONLY;
  if (!GetOpenFileName(&ofn))
  {
    DWORD err = CommDlgExtendedError();
    if (err != 0)  //andernfalls CANCEL gedrückt
    {
      char buf[40];
      sprintf(buf,"ExtendedError = %lx",(long) err);
      MessageBox(buf,"Fehler in GetOpenFileName",MB_OK|MB_ICONSTOP);
    }
    return;
  }
  if ((f1=fopen(ofn.lpstrFile,"r"))==NULL)
  {
    MessageBox("Datei kann nicht geladen werden!",
               "ViewText",
               MB_OK|MB_ICONSTOP);
    return;
  }

  for (lines=0; lines<MAXLINES; ++lines)
  {
    for (int i=0; i<MAXLINELEN; ++i) TextMem[lines][i]='\0';
    if (fgets(TextMem[lines],MAXLINELEN-1,f1)==NULL) break;
    for (i=0; TextMem[lines][i]; ++i)
    { if (isspace(TextMem[lines][i])) TextMem[lines][i]=' ';}
  }

  fclose(f1);

  CMenu *menu;
  menu = GetMenu()->GetSubMenu(0);
  menu->EnableMenuItem(IDM_SCHLIESSEN, MF_BYCOMMAND|MF_ENABLED);
  menu = GetMenu()->GetSubMenu(2);
```

```
    menu->EnableMenuItem(IDM_ANFANG,       MF_BYCOMMAND|MF_ENABLED);
    menu->EnableMenuItem(IDM_ENDE,         MF_BYCOMMAND|MF_ENABLED);
    menu->EnableMenuItem(IDM_SEITEZURUECK,MF_BYCOMMAND|MF_ENABLED);
    menu->EnableMenuItem(IDM_SEITEVOR,     MF_BYCOMMAND|MF_ENABLED);
    menu->EnableMenuItem(IDM_ZEILEZURUECK,MF_BYCOMMAND|MF_ENABLED);
    menu->EnableMenuItem(IDM_ZEILEVOR,     MF_BYCOMMAND|MF_ENABLED);
    ShowScrollBar(SB_BOTH,TRUE);
    SetScrollRange(SB_HORZ,0,79     ,FALSE);
    SetScrollRange(SB_VERT,0,lines-1,FALSE);
    firstline   = 0;
    firstcolumn = 0;

    char buf[140];
    sprintf(buf,"ViewText : %s",ofn.lpstrFile);
    SetWindowText(buf);

    UpdateDisplay();
}

void CMainWindow::OnSchliessen()
{
  CMenu *menu;

  menu = GetMenu()->GetSubMenu(0);
  menu->EnableMenuItem(IDM_SCHLIESSEN, MF_BYCOMMAND|MF_GRAYED);
  menu = GetMenu()->GetSubMenu(2);
  menu->EnableMenuItem(IDM_ANFANG,       MF_BYCOMMAND|MF_GRAYED);
  menu->EnableMenuItem(IDM_ENDE,         MF_BYCOMMAND|MF_GRAYED);
  menu->EnableMenuItem(IDM_SEITEZURUECK,MF_BYCOMMAND|MF_GRAYED);
  menu->EnableMenuItem(IDM_SEITEVOR,     MF_BYCOMMAND|MF_GRAYED);
  menu->EnableMenuItem(IDM_ZEILEZURUECK,MF_BYCOMMAND|MF_GRAYED);
  menu->EnableMenuItem(IDM_ZEILEVOR,     MF_BYCOMMAND|MF_GRAYED);
  lines = 0;
  ShowScrollBar(SB_BOTH,FALSE);
  SetWindowText("ViewText");
  UpdateDisplay();
}

/***************************************************************/
/*                   Methoden für das Menü "Text"             */
/***************************************************************/
void CMainWindow::OnChooseFont()
{
  CMenu *menu;
  font = GetCurrentMessage()->wParam - IDM_SYSTEM;
  menu = GetMenu()->GetSubMenu(1);
  for (int i=0; i<4; ++i)
  {
    menu->CheckMenuItem(IDM_SYSTEM+i,
                        MF_BYCOMMAND|(font==i?MF_CHECKED:MF_UNCHECKED));
  }
  UpdateDisplay();
}
```

126

```
void CMainWindow::OnInvers()
{
  CMenu *menu;

  inverted = !inverted;
  menu = GetMenu()->GetSubMenu(1);
  menu->CheckMenuItem(IDM_INVERS,
                      MF_BYCOMMAND|(inverted?MF_CHECKED:MF_UNCHECKED));
  InvalidateRect(NULL,TRUE);
  UpdateWindow();
}

/******************************************************************/
/*                Methoden für das Menü "Bewegen"               */
/******************************************************************/
void CMainWindow::OnAnfang()
{
  firstline = 0;
  UpdateDisplay();
}

void CMainWindow::OnEnde()
{
  firstline = lines -1;
  UpdateDisplay();
}

void CMainWindow::OnSeiteZurueck()
{
  firstline -= lines_per_page;
  UpdateDisplay();
}

void CMainWindow::OnSeiteVor()
{
  firstline += lines_per_page;
  UpdateDisplay();
}

void CMainWindow::OnZeileZurueck()
{
  --firstline;
  UpdateDisplay();
}

void CMainWindow::OnZeileVor()
{
  ++firstline;
  UpdateDisplay();
}
```

```
/****************************************************************/
/*              Methoden für das Menü "Hilfe"               */
/****************************************************************/

void CMainWindow::OnUeber()
{
  MessageBox("ViewText\r\n(C) 1995\r\nJens Bartschat",
             "Über ViewText",
             MB_OK | MB_ICONEXCLAMATION);
}

void CMainWindow::OnInfo()
{
  MessageBox("Drücken Sie\r\n- die rechte Maustaste für FontHeight\r\n- die
mittlere Maustaste zum Invertieren\r\n- die linke Maustaste für FontColor",
             "Info über ViewText",
             MB_OK | MB_ICONINFORMATION);
}

/****************************************************************/
/*              Message-Map von CMainWindow                 */
/****************************************************************/
BEGIN_MESSAGE_MAP(CMainWindow,CFrameWnd)
  ON_WM_CLOSE()
  ON_WM_PAINT()
  ON_WM_HSCROLL()
  ON_WM_VSCROLL()

  ON_WM_RBUTTONDOWN()
  ON_WM_MBUTTONDOWN()
  ON_WM_LBUTTONDOWN()

  ON_COMMAND(IDM_OEFFNEN    ,OnOeffnen)
  ON_COMMAND(IDM_SCHLIESSEN,OnSchliessen)
  ON_COMMAND(IDM_BEENDEN    ,OnClose)

  ON_COMMAND(IDM_UEBER     ,OnUeber)
  ON_COMMAND(IDM_INFO      ,OnInfo)

  ON_COMMAND(IDM_SYSTEM    ,OnChooseFont)
  ON_COMMAND(IDM_FIXED     ,OnChooseFont)
  ON_COMMAND(IDM_SANSSERIF,OnChooseFont)
  ON_COMMAND(IDM_SERIF     ,OnChooseFont)

  ON_COMMAND(IDM_INVERS,OnInvers)

  ON_COMMAND(IDM_ANFANG        ,OnAnfang)
  ON_COMMAND(IDM_ENDE          ,OnEnde)
  ON_COMMAND(IDM_SEITEZURUECK,OnSeiteZurueck)
  ON_COMMAND(IDM_SEITEVOR     ,OnSeiteVor)
  ON_COMMAND(IDM_ZEILEZURUECK,OnZeileZurueck)
  ON_COMMAND(IDM_ZEILEVOR     ,OnZeileVor)

  ON_COMMAND(IDM_HEIGHT6 , OnChooseHeight)
  ON_COMMAND(IDM_HEIGHT8 , OnChooseHeight)
```

```
ON_COMMAND(IDM_HEIGHT12, OnChooseHeight)
ON_COMMAND(IDM_HEIGHT16, OnChooseHeight)
ON_COMMAND(IDM_HEIGHT20, OnChooseHeight)
ON_COMMAND(IDM_HEIGHT24, OnChooseHeight)
ON_COMMAND(IDM_HEIGHT36, OnChooseHeight)
ON_COMMAND(IDM_HEIGHT48, OnChooseHeight)

ON_COMMAND(IDM_SCHWARZ, OnChooseColor)
ON_COMMAND(IDM_ROT    , OnChooseColor)
ON_COMMAND(IDM_ORANGE , OnChooseColor)
ON_COMMAND(IDM_GELB   , OnChooseColor)
ON_COMMAND(IDM_GRUEN  , OnChooseColor)
ON_COMMAND(IDM_BLAU   , OnChooseColor)
ON_COMMAND(IDM_VIOLETT, OnChooseColor)
ON_COMMAND(IDM_WEISS  , OnChooseColor)
END_MESSAGE_MAP()
```

# VText.def

```
NAME          VText
DESCRIPTION   'Textview Application'
EXETYPE       WINDOWS
STUB          'WINSTUB.EXE'
CODE          PRELOAD FIXED DISCARDABLE
DATA          PRELOAD FIXED MULTIPLE
HEAPSIZE      10000
```

# VText.rc

```
//Microsoft App Studio generated resource script.
//
#include "resource.h"

#define APSTUDIO_READONLY_SYMBOLS
/////////////////////////////////////////////////////////////////////////////
//
// Generated from the TEXTINCLUDE 2 resource.
//
#include "afxres.h"

/////////////////////////////////////////////////////////////////////////////
////////
#undef APSTUDIO_READONLY_SYMBOLS

#ifdef APSTUDIO_INVOKED
/////////////////////////////////////////////////////////////////////////////
/
//
// TEXTINCLUDE
//
```

```
1 TEXTINCLUDE DISCARDABLE
BEGIN
    "resource.h\0"
END

2 TEXTINCLUDE DISCARDABLE
BEGIN
    "#include ""afxres.h""\r\n"
    "\0"
END

3 TEXTINCLUDE DISCARDABLE
BEGIN
    "\r\n"
    "\0"
END

///////////////////////////////////////////////////////////////////////
////////
#endif    // APSTUDIO_INVOKED


///////////////////////////////////////////////////////////////////////
/
//
// Icon
//

AFX_IDI_STD_FRAME       ICON    DISCARDABLE     "VTEXT.ICO"


///////////////////////////////////////////////////////////////////////
/
//
// Menu
//

IDR_MAINMENU MENU DISCARDABLE
BEGIN
    POPUP "&Datei"
    BEGIN
        MENUITEM "Ö&ffnen",                     IDM_OEFFNEN
        MENUITEM "&Schließen",                  IDM_SCHLIESSEN, GRAYED
        MENUITEM SEPARATOR
        MENUITEM "&Beenden\tAlt+F4",            IDM_BEENDEN
    END
    POPUP "&Text"
    BEGIN
        MENUITEM "&SYSTEM_FONT",                IDM_SYSTEM
        MENUITEM "&ANSI_FIXED_FONT",            IDM_FIXED
        MENUITEM "Sans Seri&f ",                IDM_SANSSERIF
        MENUITEM "S&erif schräg, fett",         IDM_SERIF
        MENUITEM SEPARATOR
        MENUITEM "&Invertiert",                 IDM_INVERS
    END
```

130

```
        POPUP "&Bewegen"
        BEGIN
            MENUITEM "&Anfang\t<Pos1>",              IDM_ANFANG, GRAYED
            MENUITEM "&Ende\t<End>",                 IDM_ENDE, GRAYED
            MENUITEM "Seite &zurück\t<PgUp>",        IDM_SEITEZURUECK, GRAYED
            MENUITEM "Seite &vor\t<PgDn>",           IDM_SEITEVOR, GRAYED
            MENUITEM "Zeile &zurück\t<CrsrUp>",      IDM_ZEILEZURUECK, GRAYED
            MENUITEM "Zeile &vor\t<CrsrDn>",         IDM_ZEILEVOR, GRAYED
        END
        POPUP "&Hilfe"
        BEGIN
            MENUITEM "&über ViewText\tF1",           IDM_UEBER
            MENUITEM SEPARATOR
            MENUITEM "Info...",                      IDM_INFO
        END
END


///////////////////////////////////////////////////////////////////
/
//
// Accelerator
//

IDR_MAINACCELTABLE ACCELERATORS DISCARDABLE
BEGIN
    VK_DOWN,        IDM_ZEILEVOR,           VIRTKEY,NOINVERT
    VK_END,         IDM_ENDE,               VIRTKEY,NOINVERT
    VK_F1,          IDM_UEBER,              VIRTKEY,NOINVERT
    VK_F4,          IDM_BEENDEN,            VIRTKEY,ALT, NOINVERT
    VK_HOME,        IDM_ANFANG,             VIRTKEY,NOINVERT
    VK_NEXT,        IDM_SEITEVOR,           VIRTKEY,NOINVERT
    VK_PRIOR,       IDM_SEITEZURUECK,       VIRTKEY,NOINVERT
    VK_UP,          IDM_ZEILEZURUECK,       VIRTKEY,NOINVERT
END


#ifndef APSTUDIO_INVOKED
///////////////////////////////////////////////////////////////////
///
//
// Generated from the TEXTINCLUDE 3 resource.
//


///////////////////////////////////////////////////////////////////
////////
#endif    // not APSTUDIO_INVOKED
```

## 5.1.5 ViewTextDialog

Das Programm ViewTextDialog stellt eine Erweiterung zum vorhergehenden ViewText dar. Hier als Listing abgedruckt sind nur die zwei neu hinzugekommenen Files. Die Änderungen in **VText.cpp** entnehmen Sie bitte dem Text (ab „2.5.7.1 Überblick über die erforderlichen Programmänderungen", Seite 64).

VTDlg.h        Klassendeklaration der Dialogklasse **CSchriftDlg**
VTDlg.cpp      Implementierung der Klasse **CSchriftDlg**

## VTDlg.h

```
#ifndef VTDLG_H
#define VTDLG_H

class CSchriftDlg : public CModalDialog
{
public:
// Allgemeine Methoden:
  CSchriftDlg(CWnd *pWnd);
  BOOL OnInitDialog();
  void OnOK();
  afx_msg void OnKeineAhnung();
  void UpdateSchriftDlg();
  afx_msg void OnPitch();                    // Schriftart...
  afx_msg void OnFamily();
  afx_msg void OnListboxChanged();           // Schriftfarbe
  afx_msg void OnRadioSchrifthoehe();        // Schriftgröße...
  afx_msg void OnHScroll(UINT nSBCode, UINT nPos, CScrollBar *pScrBar);
public:
// Daten:
  int m_nHoehe, m_nDicke, m_nColor;
  BYTE m_Kursiv, m_Unterstreichen, m_Durchstreichen;
  BYTE m_CharSet, m_Pitch;
  BOOL m_bInverted;
// Konnektorvariablen zu statischen globalen Daten:
  int   *m_ipAheight;
  char **m_szAColorNames;
  struct S_RGB { BYTE Red, Green, Blue;}; // leider doppelt notwendig
  S_RGB *m_RGB;
  char **m_szACharSet;
  BYTE  *m_nACS;
private:
  DECLARE_MESSAGE_MAP()
};

#endif
```

# VTDlg.cpp

```cpp
#include <afxwin.h>
#include <stdio.h>
#include <stdlib.h>
#include <string.h>

#include "Resource.h"
#include "VTDlg.h"

/***************************************************/
/* Konstruktor, Dialog-Initialisierung und -Update:*/
/***************************************************/

BYTE p_and_ff[] = {DEFAULT_PITCH, VARIABLE_PITCH, FIXED_PITCH,
                   FF_DECORATIVE, FF_DONTCARE, FF_SWISS,
                   FF_ROMAN,      FF_SCRIPT,   FF_MODERN};

CSchriftDlg::CSchriftDlg(CWnd *pWnd) : CDialog(IDD_DIALOG_SCHRIFT, pWnd)
{
/* Alle Member-Variablen initialisieren; nur zur Sicherheit:*/
  m_nHoehe = 0; m_nDicke = 0; m_nColor = 0;
  m_Kursiv = 0; m_Unterstreichen = 0; m_Durchstreichen = 0;
  m_CharSet = 0; m_Pitch = 0;
  m_bInverted = FALSE;
}

BOOL CSchriftDlg::OnInitDialog()
{
  int i;
  BYTE p;
  CDialog::OnInitDialog();
// Schriftart:
  for (i=0, p=m_Pitch&0x03; i<3; i++)
    ((CButton *)GetDlgItem(IDC_CHECK_DEFP+i))->SetCheck(p==p_and_ff[i]?1:0);
  for (i=3, p=m_Pitch&0xF0; i<9; i++)
    ((CButton *)GetDlgItem(IDC_CHECK_DEFP+i))->SetCheck(p==p_and_ff[i]?1:0);
  GetDlgItem(IDC_BUTTON_LADE)->EnableWindow(FALSE); /* noch nicht drin */
  CComboBox *CSBox = (CComboBox *)GetDlgItem(IDC_COMBO_CHARSET);
  for(i=0; i<5; CSBox->AddString(m_szACharSet[i++])); // Combobox füllen und
  for(i=0; i<5; i++)                                  // aktuelles Item
    if (m_nACS[i]==m_CharSet)                         // aktivieren
      ((CComboBox *)GetDlgItem(IDC_COMBO_CHARSET))->SetCurSel(i);
// Schriftfarbe:
  CListBox *FarbBox = (CListBox *)GetDlgItem(IDC_LIST_COLOR);
  for(i=0; i<8; FarbBox->AddString(m_szAColorNames[i++]));
  // Attribute:
  ((CButton *)GetDlgItem(IDC_CHECK_KURSIV))->SetCheck(m_Kursiv==1?1:0);
  ((CButton *)GetDlgItem(IDC_CHECK_UNTER))->
        SetCheck(m_Unterstreichen==1?1:0);
  ((CButton *)GetDlgItem(IDC_CHECK_FETT))->SetCheck(m_nDicke==700?1:0);
  ((CButton *)GetDlgItem(IDC_CHECK_DURCH))->
        SetCheck(m_Durchstreichen==1?1:0);
  ((CButton *)GetDlgItem(IDC_CHECK_INVERTIERT))->SetCheck(m_bInverted?1:0);
```

```
// Schriftgröße:
  ((CScrollBar *)GetDlgItem(IDC_SCROLLBAR))->SetScrollRange(0,255,FALSE);

  UpdateSchriftDlg();
  return TRUE;
}

void CSchriftDlg::UpdateSchriftDlg()
{
  char buf[4];
  int i;
// Schriftfarbe: ...in AppStudio ListBox-Properties/Style/Sort ausschalten!!
  ((CListBox *)GetDlgItem(IDC_LIST_COLOR))->SetCurSel(m_nColor);
  SetDlgItemText(IDC_EDIT_RED,   itoa((int)m_RGB[m_nColor].Red,   buf, 10));
  SetDlgItemText(IDC_EDIT_GREEN, itoa((int)m_RGB[m_nColor].Green, buf, 10));
  SetDlgItemText(IDC_EDIT_BLUE,  itoa((int)m_RGB[m_nColor].Blue,  buf, 10));
// Schriftgröße:
  SetDlgItemText(IDC_EDIT_HEIGHT, itoa(m_nHoehe, buf, 10));
  ((CScrollBar *)GetDlgItem(IDC_SCROLLBAR))->
          SetScrollPos((int)m_nHoehe,TRUE);
  for (i=0; i<8; i++)
    ((CButton *)GetDlgItem(IDC_RADIO_6+i))->
        SetCheck((m_nHoehe == m_ipAheight[i])?TRUE:FALSE);
}


/******************/
/* OK, Weiß nicht */
/******************/
void CSchriftDlg::OnOK()
{
// Schriftart CharSet übernehmen
  m_CharSet = m_nACS[((CComboBox *)GetDlgItem(IDC_COMBO_CHARSET))
                    ->GetCurSel()];
// Schriftfarbe übernehmen
  m_nColor = ((CListBox *)GetDlgItem(IDC_LIST_COLOR))->GetCurSel();
// Attribute übernehmen
  m_Kursiv       = ((CButton *)GetDlgItem(IDC_CHECK_KURSIV  ))
                    ->GetCheck();
  m_Unterstreichen = ((CButton *)GetDlgItem(IDC_CHECK_UNTER  ))
                    ->GetCheck();
  if (((CButton *)GetDlgItem(IDC_CHECK_FETT))->GetCheck()) m_nDicke=700;
  else m_nDicke=0;
  m_Durchstreichen = ((CButton *)GetDlgItem(IDC_CHECK_DURCH  ))
                    ->GetCheck();
  m_bInverted    = ((CButton *)GetDlgItem(IDC_CHECK_INVERTIERT))
                    ->GetCheck();
// Ende des Schriftdialogs durch OK-Button
  EndDialog(IDOK);
}


void CSchriftDlg::OnKeineAhnung()
{
  CDialog dlg(IDD_DIALOG_WEISSNICHT,this);  // kleiner Scherz ...
  dlg.DoModal();
}
```

```
/**********************************/
/* Schriftart: Pitch und FontFamily */
/**********************************/

void CSchriftDlg::OnPitch()
{
  int i, p_ix;
  p_ix = GetCurrentMessage()->wParam - IDC_CHECK_DEFP;
  for (i=0; i<3; i++)
    ((CButton *)GetDlgItem(IDC_CHECK_DEFP+i))->SetCheck(i==p_ix?1:0);
  m_Pitch &= (BYTE)0xFC;      // alten Pitch-Wert löschen und...
  m_Pitch |= p_and_ff[p_ix];  // neuen Pitch-Wert hineinODERn.
}

void CSchriftDlg::OnFamily()
{
  int i, ff_ix;
  ff_ix = GetCurrentMessage()->wParam - IDC_CHECK_DEFP;
  for (i=3; i<9; i++)
    ((CButton *)GetDlgItem(IDC_CHECK_DEFP+i))->SetCheck(i==ff_ix?1:0);
  m_Pitch &= (BYTE)0x0F;      // alten FF-Wert löschen und...
  m_Pitch |= p_and_ff[ff_ix]; // neuen FF-Wert hineinODERn.
}

/*********************************************************************/
/* Schriftfarbe: Aktualisierung der RGB-Editfelder gemäß Listbox-Selektion */
/*********************************************************************/

void CSchriftDlg::OnListboxChanged()
{
  m_nColor = ((CListBox *)GetDlgItem(IDC_LIST_COLOR))->GetCurSel();
  UpdateSchriftDlg(); // da wird schon alles erledigt
}

/***************************/
/* Schrifthöhe einstellen */
/***************************/

void CSchriftDlg::OnRadioSchrifthoehe()
{
  switch (GetCurrentMessage()->wParam)
  {
    case IDC_RADIO_6  : m_nHoehe = 6 ; break;
    case IDC_RADIO_8  : m_nHoehe = 8; break;
    case IDC_RADIO_12 : m_nHoehe = 12; break;
    case IDC_RADIO_16 : m_nHoehe = 16; break;
    case IDC_RADIO_20 : m_nHoehe = 20; break;
    case IDC_RADIO_24 : m_nHoehe = 24; break;
    case IDC_RADIO_36 : m_nHoehe = 36; break;
    case IDC_RADIO_48 : m_nHoehe = 48; break;
  }
  UpdateSchriftDlg();
}
```

135

```
void CSchriftDlg::OnHScroll(UINT nSBCode, UINT nPos, CScrollBar *pScrBar)
{
  switch (nSBCode)
  {
    case SB_LINEUP          : --m_nHoehe; break;
    case SB_LINEDOWN        : ++m_nHoehe; break;
    case SB_PAGEUP          : m_nHoehe -= 10; break;
    case SB_PAGEDOWN        : m_nHoehe += 10; break;
    case SB_THUMBPOSITION :
    case SB_THUMBTRACK      : m_nHoehe = nPos; break;
  }
  if (m_nHoehe < 0)   m_nHoehe = 0;
  if (m_nHoehe > 255) m_nHoehe = 255;
  UpdateSchriftDlg();
}


/***************/
/* Message-Map */
/***************/

BEGIN_MESSAGE_MAP(CSchriftDlg, CDialog)
// Schriftart behandeln
  ON_COMMAND(IDC_CHECK_DEFP, OnPitch)
  ON_COMMAND(IDC_CHECK_VARP, OnPitch)
  ON_COMMAND(IDC_CHECK_FIXP, OnPitch)
  ON_COMMAND(IDC_CHECK_DEC, OnFamily)
  ON_COMMAND(IDC_CHECK_DON, OnFamily)
  ON_COMMAND(IDC_CHECK_SWI, OnFamily)
  ON_COMMAND(IDC_CHECK_ROM, OnFamily)
  ON_COMMAND(IDC_CHECK_SCR, OnFamily)
  ON_COMMAND(IDC_CHECK_MOD, OnFamily)
// Einstellen der Schriftfarbe: nur Update der RGB-Editfelder notwendig
  ON_LBN_SELCHANGE(IDC_LIST_COLOR, OnListboxChanged)
// Für Attribute ist keine gesonderte Behandlung notwendig
// Einstellen der Schriftgröße ...
  ON_COMMAND(IDC_RADIO_6,    OnRadioSchrifthoehe)
  ON_COMMAND(IDC_RADIO_8,    OnRadioSchrifthoehe)
  ON_COMMAND(IDC_RADIO_12,   OnRadioSchrifthoehe)
  ON_COMMAND(IDC_RADIO_16,   OnRadioSchrifthoehe)
  ON_COMMAND(IDC_RADIO_20,   OnRadioSchrifthoehe)
  ON_COMMAND(IDC_RADIO_24,   OnRadioSchrifthoehe)
  ON_COMMAND(IDC_RADIO_36,   OnRadioSchrifthoehe)
  ON_COMMAND(IDC_RADIO_48,   OnRadioSchrifthoehe)
  ON_WM_HSCROLL()

// Spaßbutton ...
  ON_COMMAND(IDC_BUTTON_WEISSNICHT, OnKeineAhnung)
END_MESSAGE_MAP()
```

## 5.2 Literatur

Die Literatur zur vorliegenden Programmier-Problematik nimmt mittlerweile einen unübersichtlichen Umfang an, wobei insbesonders die Menge von Bücher zu speziellen Problemen stark zunimmt. Hier soll nur ein kleiner Ausschnitt aus der Gesamtliteratur präsentiert werden, auf die ich mich bei meiner Arbeit zur Erstellung dieses Tutorials gestützt habe.

Zuerst ein wenig allgemeine Literatur zum Einstieg in die Windows-Programmierung mit Hilfe von C++. Spezielle Probleme werden hier nur dann behandelt, wenn sie beispielhaft zur Lösung einer ganzen Gruppe von Aufgaben tauglich sind:

- **Guido Krüger, „Einführung in Visual C++ 1.5", Addison-Wesley 1994**
  Eine sehr gute Einführung (und nicht mehr) in die Visual C++-Programmierung. Dem gut aufgebauten Text merkt man an, daß der Autor sich noch gut an die eigenen Schwierigkeiten beim Erlernen der Programmierweise erinnert. Erzeugt Motivation für eigene Arbeit.
- **Ingo Pakleppa, „C++ Programmieren für MS-Windows 3.1", Addison-Wesley 1993**
  Eine etwas wirre Einführung in die Windows-Programmierung unter C++. Anhand eines Aufbaus einer eigenen Klassenbibliothek wird die Methodik in der C++-Windows-Programmierung dargelegt. Der Inhalt ist seit Erscheinen von OWL und MFC hinfällig. Didaktik und Inhalt: nicht empfehlenswert für Leser, die nicht schon kennen, was im Buch beschrieben ist - und auch nicht empfehlenswert für solche, die es schon kennen, weil das Buch zu unstrukturiert ist.
- **David J. Kruglinski, „Inside Visual C++", Microsoft Press 1993**
  Umfangreiche und flüssig geschriebene, weitgehende Erklärung der Programmiermethodik anhand vieler leicht nachzuvollziehender Beispiele, die auch auf Begleitdisk vorliegen. Das englische Original ist empfehlenswerter als die deutsche Ausgabe; die unsägliche Künstlichkeit vieler deutscher Übersetzungen ist deutlich hemmend. Mittlerweile auch unter Berücksichtigung der MFC Version 2.5 erhältlich.
- **c't Heft 12/1992, „Vom Fenster zum Programm", Heise-Verlag**
  Diskussion der drei Windows-Programmiermethoden SDK, Klassenbibliothek und VisualBASIC. Gut als erster Eindruck, „worum es überhaupt geht".
- **c't Heft 10/1991 bis 1/1992, „Crash-Kurs in C++", Heise-Verlag**
  Dieser dreiteilige Abriß tut seinem Titel alle Ehre. Trotzdem eine sehr gute und kompakte Einführung, die über den Inhalt manchen Fünfhundertseiten-Lehrbuches hinausgeht. Auf Anhieb nur schwer verständlich; Mitarbeit ist gefordert.
- **c't Heft 8/1993 bis 11/1993, „Klassen für Massen", Heise-Verlag**
  In vier Teilen lernt der Leser anhand des sukzessiven Aufbaus einer eigenen Klassenbibliothek viel über die Windows-Programmierung. Der Inhalt an sich ist mit Erscheinen von OWL und MFC zwar hinfällig, doch die beispielhafte Präsentation der Methodik einer Klassenbibliotheksprogrammierung hat großen didaktischen Wert. Sehr empfehlenswert wie fast durchweg alle c't-Beiträge im allgemeinen.

Im folgenden Text wird ein Vergleich der Mitte 1994 erhältlichen C++-Entwicklungswerkzeuge angestellt. Empfehlenswert zur Einordnung des Microsoft Visual C++-Compilers, wie er in diesem Tutorial zur Applikationserstellung verwendet wird:

- **c't Heft 7/1994, „Sechs C-/C++-Compiler für PCs im Vergleich" und „Volks-Bibliotheken", Heise-Verlag**
  Bei den C++-Compilern mit IDE hat Visual C++ 1.5 die Nase vor Borland C++ 4.0. Der Test der Klassenbibliotheken MFC 2.5 und OWL 2.0 ließen MFC knapp gewinnen.

Die folgenden Literaturvorschläge beziehen sich vor allem auf die fortgeschrittene Programmierung und hier insbesonders auf die Kommunikation zwischen Applikationen mit Hilfe von Clipboard, DDE und OLE. Die Texte zum C++-Standard und über OpenDoc haben nur Informationscharakter und sollen Orientierungshilfe zur Einordnung von C++ und OLE sein:

- **c't Heft 9/1994, diverse Beiträge zum (kommenden) C++-Standard, Heise-Verlag**
  Kurzer Abriß über jüngste und kommende C++-Erweiterungen wie RTTI, Exception Handling, Templates. Siehe auch c't Heft 7/1994.
- **c't Heft 11/1992, „Geben und Nehmen" und Heft 1/1993 „Höllenprotokoll", Heise-Verlag**
  Einführung in den Dynamic Data Exchange (DDE) unter Windows mit Berücksichtigung der Clipboard-Programmierung. In Heft 1/1993 ein Client-Server-Beispiel (in C), das sich des Datenaustausches mit DDE bedient. „Höllenprotokoll" ist die treffende Bezeichnung für die DDE-Programmierung. Anfangs schwer zugänglich, aber umfassend und trotzdem locker dargestellt.
- **c't Heft 12/1992, „Briefkasten", Heise-Verlag**
  Clipboard-Programmierung an einem C-Beispiel. Gut nachvollziehbar und leicht gegenüber DDE und OLE.
- **c't Heft 4 und 5/1993, „Paketdienst", Heise-Verlag**
  Grundlagen zu Object Linking and Embedding (OLE) samt Beispielapplikation in C. Der Autor der vorher genannten Artikel „Geben und Nehmen" und „Höllenprotokoll", Thomas Lauer, faßt zusammen: „[Microsoft hat] mit OLE ... ein API geschaffen, das dem Programmierer schon beim Durchblättern der Dokumentation das Wasser in die Augen treibt." Noch komplexer als die DDE-Artikel.
- **c't Heft 4/1993, „Die nächste OLE-Generation", Heise-Verlag**
  Neue Funktionalität von OLE Version 2.0.
- **c't Heft 4/1995, „Patchwork", Heise-Verlag**
  „OpenDoc - das Ende von OLE?". Abriß über OpenDoc und OLE.

# 5.3  Abbildungsverzeichnis

# 5.4  Tabellenverzeichnis

# 5.5 Index

Anhang:

# 5.6 MFC-Klassenhierarchie[68]

**Class Hierarchy - General Purpose Classes**

CObject

CFile
- CStdioFile
- CMemFile

CException
- CMemoryException
- CFileException
- CArchiveException
- CNotSupportedException
- CResourceException
- CUserException
- COleException

CByteArray
CWordArray
CDWordArray
CPtrArray
CObArray
CStringArray
CUIntArray

CPtrList
CObList
CStringList

CMapWordToPtr
CMapPtrToWord
CMapPtrToPtr
CMapWordToOb
CMapStringToPtr
CMapStringToOb
CMapStringToString

CArchive
CDumpContext
CRuntimeClass
CFileStatus

CMemoryState
CString
CTime
CTimeSpan

CRect
CPoint
CSize

---

**Class Hierarchy - Visual Object Classes**

CObject

CDC
- CClientDC
- CWindowDC
- CPaintDC
- CMetaFileDC

CCmdTarget

CWnd
- CFrameWnd
  - CMDIChildWnd
  - CMDIFrameWnd
- CDialog
  - CFileDialog
  - CColorDialog
  - CFontDialog
  - CPrintDialog
  - CFindReplaceDialog

CGdiObject
- CPen
- CBrush
- CFont
- CBitmap
- CPalette
- CRgn

CView
- CScrollView
- CFormView
- CEditView

CControlBar
- CToolBar
- CStatusBar
- CDialogBar

CMenu

CStatic
CButton
- CBitmapButton
CListBox
CComboBox
CScrollBar
CEdit
- CHEdit
  - CBEdit
CSplitterWnd
CVBControl

CCreateContext
CDataExchange

---

[68]Entnommen aus der Online-Help

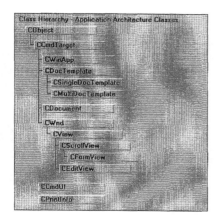

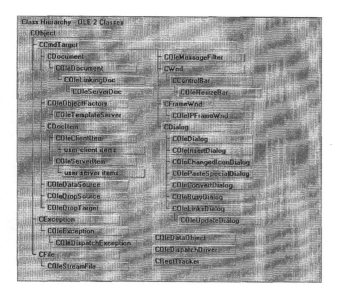

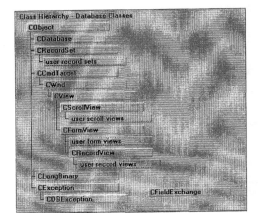

*Diplom.de*

# Wissensquellen gewinnbringend nutzen

**Qualität, Praxisrelevanz und Aktualität** zeichnen unsere Studien aus. Wir bieten Ihnen im Auftrag unserer Autorinnen und Autoren Wirtschafts-studien und wissenschaftliche Abschlussarbeiten – Dissertationen, Diplomarbeiten, Magisterarbeiten, Staatsexamensarbeiten und Studien-arbeiten zum Kauf. Sie wurden an deutschen Universitäten, Fachhoch-schulen, Akademien oder vergleichbaren Institutionen der Europäischen Union geschrieben. Der Notendurchschnitt liegt bei 1,5.

**Wettbewerbsvorteile verschaffen** – Vergleichen Sie den Preis unserer Studien mit den Honoraren externer Berater. Um dieses Wissen selbst zusammenzutragen, müssten Sie viel Zeit und Geld aufbringen.

**http://www.diplom.de** bietet Ihnen unser vollständiges Lieferprogramm mit mehreren tausend Studien im Internet. Neben dem Online-Katalog und der Online-Suchmaschine für Ihre Recherche steht Ihnen auch eine Online-Bestellfunktion zur Verfügung. Inhaltliche Zusammenfassungen und Inhaltsverzeichnisse zu jeder Studie sind im Internet einsehbar.

**Individueller Service** – Gerne senden wir Ihnen auch unseren Papier-katalog zu. Bitte fordern Sie Ihr individuelles Exemplar bei uns an. Für Fragen, Anregungen und individuelle Anfragen stehen wir Ihnen gerne zur Verfügung. Wir freuen uns auf eine gute Zusammenarbeit.

### Ihr Team der Diplomarbeiten Agentur

Diplomica GmbH ───────
Hermannstal 119k ───────
22119 Hamburg ───────

Fon: 040 / 655 99 20 ───────
Fax: 040 / 655 99 222 ───────

agentur@diplom.de ───────
www.diplom.de ───────